Wie stellen Sie es an, als Manager noch erfolgreicher zu werden, als Teamchef größere Führungsstärke zu beweisen und als Teamleiter Ihre Mitarbeiter zu Höchstleistungen zu motivieren? *Die Leadership-Pille* von Ken Blanchard und Marc Muchnick liefert Ihnen die Antwort. In der Tradition des Bestsellers *Der Minuten Manager* erzählt dieses gleichermaßen unterhaltsame wie anregende Buch die Parabel vom Wettstreit zweier Führungspersönlichkeiten, die völlig unterschiedliche Managementstile pflegen – eine Geschichte, die offenbart, was Mitarbeiter heute wirklich motiviert.

Die Leadership-Pille ist ein Buch, das zum Umdenken anregt: Führungskräfte aller Hierarchieebenen erfahren hier, wie sie mit einer Mischung aus Integrität, Partnerschaft und Anerkennung selbst unter hohem Leistungsdruck beides erzielen: gute Resultate *und* engagierte Mitarbeiter.

Ken Blanchard
Marc Muchnick

Die Leadership-Pille

Was Mitarbeiter heute wirklich motiviert

Hoffmann und Campe

1. Auflage 2004
Für die deutschsprachige Ausgabe

www.hoffmann-und-campe.de
Aus dem Amerikanischen übertragen von
Helga Höhlein und Brigitte von Werneburg
»The Leadership Pill«

Published by arrangement with the original publisher,
The Free Press, an imprint of Simon & Schuster, Inc.
Einbandgestaltung: b3K text und gestalt GmbH
Foto: Howard Bjornson/photonica
Lektorat und Redaktion: Andreas Kobschätzky
Satz und Aufbau: Prill Partners | producing, Berlin
Druck und Bindung: GGP Media GmbH, Pößneck
Printed in Germany
ISBN 3-455-09441-4

HOFFMANN
UND CAMPE

Ein Unternehmen der
GANSKE VERLAGSGRUPPE

Wir widmen dieses Buch

den Familienvorständen der Familien
Blanchard und Muchnick
in Vergangenheit und Gegenwart;

unseren ideenreichen Frauen
Margie Blanchard und Kim Muchnick;

unserer Nachkommenschaft
Scott Blanchard und Debbie Blanchard Medina,
Kurtis und Kyle Blanchard,
Jessica und Blake Muchnick;

unserer etwas entfernteren Verwandtschaft
Humberto Medina, Tom McKee,
Mark Manning, Adam und Cynthia Muchnick,
William Moreland,
Nicole und Matt Benak.

INHALT

EINLEITUNG

Die Mitarbeiter von heute sind intellektuell anspruchsvoller, geistig differenzierter und sachlich informierter als je zuvor. Entsprechend ist der Kommando/Kontroll-Managementansatz nach dem Motto »Entweder parieren oder den Job verlieren« nicht mehr aktuell. Letztlich erwarten Mitarbeiter etwas anderes – und Besseres – von der Führung in ihrem Unternehmen. Sie verlangen nach Führungspersönlichkeiten, die nicht nur auf Resultate aus sind, sondern zugleich das Vertrauen und den Respekt ihrer Teams gewinnen.

Die Leadership-Pille ist eine amüsante Parabel, die keinen Zweifel daran lässt, dass Führungskräfte Integrität beweisen, eine Kultur der Partnerschaft aufbauen und das Selbstwertgefühl der Mitarbeiter stärken müssen, indem sie die Wichtigkeit ihrer Arbeit anerkennen.

Wir hoffen, dass unsere Leser in diesem Buch entdecken, welche Anforderungen an einen effektiven Leadership-Experten gestellt werden – um letztlich die eigenen Erkenntnisse weiterzugeben, damit auch andere von der kraftvollen Botschaft dieses Buches und seinen Anregungen zum Lernen profitieren. Denken Sie daran: Führung ist nicht etwas, was Sie Ihren Mitarbeitern *zuteil werden lassen*, sondern etwas, was Sie *mit ihnen teilen*.

In diesem Sinne:
Ken Blanchard und Marc Muchnick,
San Diego, Kalifornien

DIE ENTDECKUNG

Es war ein Tag, an dem in der amerikanischen Unternehmenslandschaft die Sonne schien. Die Firma *Leadership Pill Industries (LPI)* eröffnete ihre erste Produktionsanlage mit einer Ankündigung, die von der nationalen Presse sofort aufgegriffen wurde:

»Es ist uns gelungen, sämtliche Attribute effektiver Führung in einer einzigen Pille zu komprimieren.«

Jahrelange Forschungsarbeiten und Pilotstudien hatten sich letztlich ausgezahlt. Die Firma gab ihrem sensationellen Produkt den angemessenen Namen *Leadership-Pille* und machte Pläne für dessen landesweite Vermarktung.

Die Leadership-Pille wurde in der Presse als geradezu umwerfende Innovation bezeichnet. Nach längerem Lamentieren über den Mangel an fähigen Führungspersönlichkeiten in Wirtschaft, Politik und anderen organisatorischen Kreisen verlangten die Medien nun lautstark nach mehr Informationen.

»Die Umfrageergebnisse in der Branche bestätigen die Markteinführung der Leadership-Pille«, ließ der LPI-Sprecher verlautbaren.

Bemüht, den Markt für ihr neues Produkt näher zu definieren, beauftragte die Firma *Leadership Pill Industries* eine unabhängige Agentur, mit einer Reihe von Fokusgruppen verschiedene wichtige Fragen zu klären. Besonders eine Frage reizte die Teilnehmer zu höchst lebhaften Kommentaren: **»Wie vielen Führungskräften, die Sie persönlich kennen gelernt haben, würden Sie wirklich *exzellente* Leadership-Qualitäten bescheinigen?«**

»Die Fokusgruppen-Daten sind eindeutig«, ließ LPI die Medien wissen, nachdem man dort die Ergebnisse analysiert hatte. »In den Vorstandsetagen ist man angesichts der unzulänglichen Führungsqualitäten, insbesondere auf der mittleren Führungsebene, sehr besorgt. Nur wenige Werksleiter und Angestellte geben an, schon einmal für eine wirklich exzellente Führungskraft gearbeitet zu haben.«

Fallstudien, die von Psychologen eines auf nationaler Ebene arbeitenden Instituts durchgeführt wurden, erhärteten diese Ergebnisse.

»Die Mehrheit der Wirtschaftsunternehmen, staatlichen Einrichtungen und gemeinnützigen Organisationen steckt in einer permanenten Führungskrise«, hieß es im Informationsbericht der Agentur. »Erschwerend kommt hinzu, dass die Unternehmenslandschaft durch Stress und Arbeitsplatzunsicherheit geprägt ist. Nichts deutet darauf hin, dass sich an der

Situation in nächster Zeit etwas grundlegend ändern könnte.«

Die Spannung im Vorfeld der Einführung der Leadership-Pille wuchs. In den Vorstandsetagen herrschte erwartungsvolle Betriebsamkeit, an den Kaffeeautomaten spekulierte das Personal. Keiner mochte es so recht glauben – Führungsqualitäten in einer Pille!

»Ob die Leadership-Pille die Welt wohl wirklich von Mikromanagern und autoritären Führungskräften befreien kann?«, fragten sich viele. »Besteht denn wirklich Hoffnung, dass die Führenden tatsächlich das tun, was sie versprechen?«

Eigentlich eine wunderbare Aussicht, meinten viele. Doch bei aller Begeisterung für die Leadership-Pille mahnte eine prominente und hoch angesehene Persönlichkeit auf dem Gebiet der Unternehmensführung – aufgrund jahrelang bewiesener Fähigkeiten zu Recht als Leadership-Experte bekannt – zur Vorsicht.

»Wenn die Leadership-Pille nicht die richtige Mischung an Führungsingredienzen enthält, dürfte sie mehr schaden als nutzen«, warnte der Leadership-Experte in einem Talk-Show-Interview.

DIE PRESSEKONFERENZ

Aufgrund der Aufmerksamkeit, die der Leadership-Pille entgegengebracht wurde, sah sich die Public-Relations-Direktorin von *Leadership Pill Industries* veranlasst, eine offizielle Pressekonferenz einzuberufen. Das Ereignis wurde live sowohl im nationalen Fernsehen als auch im Internet gesendet.

Es hagelte Fragen und Kommentare aus einem breiten Forum von neugierigen Experten, Managementgurus und Überlebenden gescheiterter Organisationen.

»Können Sie denn garantieren, dass die Leadership-Pille auch tatsächlich Wirkung zeigt?«, fragte ein Analyst des Internationalen Leadership-Konsortiums.

»Selbstverständlich«, erwiderte die PR-Direktorin von LPI, die sich ihre Sporen in der Unternehmenskommunikation verdient hatte. »Schon die Vorversuche mit der Leadership-Pille haben uns derart überzeugt, dass wir uns zu einer Geld-zurück-Garantie entschlossen haben«, sagte sie mit verbindlichem Lächeln.

Der CEO vom Institut für Arbeitsplatzgestaltung meldete sich zu Wort: »Was steckt denn eigentlich *in* dieser Leadership-Pille?«

»Was ich Ihnen verraten kann, ist dies: Die Leadership-Pille enthält Extrakte aus den Erfahrungen ergebnisorientierter Führungsautoritäten wie Patton, Napoleon und Hunnenkönig Attila«, erwiderte die PR-Direktorin. »Sie ist eine Kombination hochpotenter Inhaltsstoffe.«

Steve Cheney vom Managerverband fragte: »Welche Dosis wird etwa für einen gerade beförderten Werksleiter empfohlen? Bestehen irgendwelche Gesundheitsrisiken und ist die Leadership-Pille behördlich zugelassen?«

»Steve, die Leadership-Pille ist absolut sicher«, beruhigte ihn die PR-Direktorin. »Sie wird in Geschäften ebenso zu kaufen sein wie direkt über die LPI-Homepage unter leadership-pill.com.« Mit einer Geste, die den Fragen für einen Augenblick Einhalt gebieten sollte, zog die PR-Direktorin eine Packung Leadership-Pillen aus ihrer Tasche.

»Sehen Sie, wenn die Kameras bitte eine Großaufnahme von der Rückseite dieser Pillendose einfangen könnten, wäre es auch unseren Zuschauern möglich, die Dosierungsanleitung zu lesen. Und was die hier Anwesenden betrifft, so schauen Sie bitte auf den Flachbildschirm zu meiner Linken.«

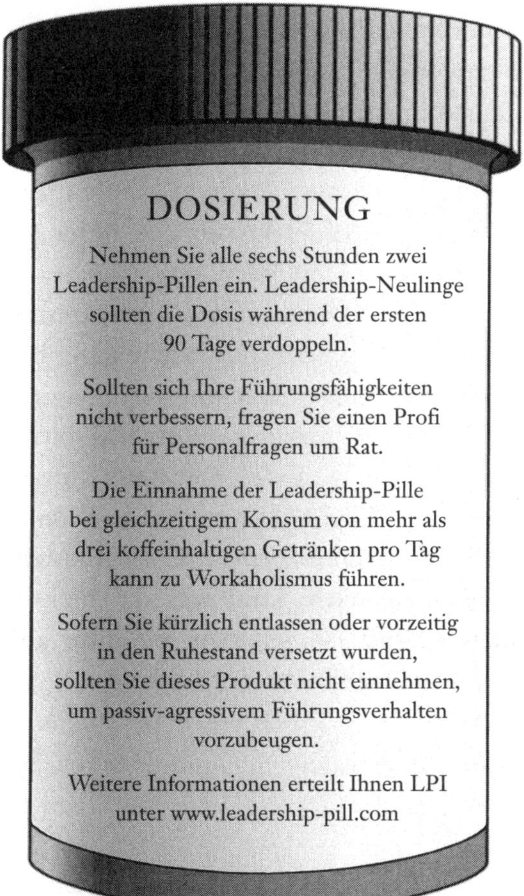
DOSIERUNG
Nehmen Sie alle sechs Stunden zwei Leadership-Pillen ein. Leadership-Neulinge sollten die Dosis während der ersten 90 Tage verdoppeln.
Sollten sich Ihre Führungsfähigkeiten nicht verbessern, fragen Sie einen Profi für Personalfragen um Rat.
Die Einnahme der Leadership-Pille bei gleichzeitigem Konsum von mehr als drei koffeinhaltigen Getränken pro Tag kann zu Workaholismus führen.
Sofern Sie kürzlich entlassen oder vorzeitig in den Ruhestand versetzt wurden, sollten Sie dieses Produkt nicht einnehmen, um passiv-agressivem Führungsverhalten vorzubeugen.
Weitere Informationen erteilt Ihnen LPI unter www.leadership-pill.com

Der für Leadership verantwortliche Redakteur von der *Daily Voice* machte sich gewissenhaft Notizen und stellte schließlich die große Frage, die wohl alle Anwesenden bewegte: »Und wie funktioniert sie nun? Was passiert eigentlich, wenn man die Leadership-Pille nimmt?«

»Die Leadership-Pille steigert Ihre Führungspotenz«, erklärte die PR-Direktorin. »Wenn Sie die Leadership-Pille nehmen, entwickeln Sie stärkere Aufgabenfokussierung und Aktionsorientierung. Sie verbessern Ihre Fähigkeit, andere anzuleiten und Ergebnisse zu erzielen. Und die Leadership-Pille wirkt schnell, Sie bekommen als Teamleiter alles in den Griff. So etwas ist einmalig.«

»Erstaunlich«, bemerkte der Redakteur.

»In der Tat«, stimmte die PR-Direktorin zu. »Aber sie ist trotzdem kein Hokuspokus-Quickie. Wie unsere Untersuchungen zeigen, aktiviert die Leadership-Pille das Leadership-

Zentrum in Ihrem Gehirn durch Stimulierung seiner natürlichen Chemie. Sie müssen sich das folgendermaßen vorstellen: Sie nehmen Ihre Dosis und – schwups! – geht das Leadership-Birnchen an. Sie bekommen Ihre Arbeit in kürzerer Zeit erledigt, finden Gefallen daran, Ihren vollen Terminkalender abzuarbeiten, und überrunden mühelos die Konkurrenz. Kurzum, Sie entwickeln sich zu einem Leadership-Supermann.«

»*Wirklich* erstaunlich!«, wiederholte Bobbi Cassidy von der Vereinigung zur Beurteilung von Führungsqualitäten. »Und wie lange hält die Wirkung der Leadership-Pille an?«

»Das ist individuell unterschiedlich und noch nicht ganz geklärt. Eines aber steht fest«, sagte die PR-Direktorin und hielt einen Augenblick inne, um die Spannung zu erhöhen, »die Leadership-Pille hat das Potenzial, als erste Wunderdroge für das Unternehmertum in die Geschichte einzugehen.«

DIE GROSSE WELLE

Die Flüsterpropaganda im Anschluss an die Pressekonferenz löste eine Woge neuer Aufregung über die Leadership-Pille aus. Riesenaufträge gingen bei LPI ein.

In nur einer Woche wurde die leadershippill.com-Homepage mehr als sieben Millionen Mal besucht. Wie die ersten Statistiken zeigten, verkaufte sich die Pille bereits besser als Viagra.

Kurz darauf verkündete die Firma *Leadership Pill Industries* ihren neuen Slogan: **Die Leadership-Pille – Führungselixier für Manager.**

Die breit angelegte Werbekampagne erregte die Aufmerksamkeit diverser Publikumskreise.

Globale Händler standen Schlange, um die Lizenzrechte an der Leadership-Pille zu erwerben. Industriekonsortien wurden gegründet, um Mengenrabatte zu erzielen. Selbstständige Berater bildeten so genannte LPOs – Leadership-Pillen-Organisationen – in dem Bemühen, sich ihren Anteil am Pillenkuchen zu sichern. Mega-Marketing-Konglomerate wurden vorstellig, um strategische Partnerschaften mit LPI zu schmieden.

Die Kunde von der Leadership-Pille verbreitete sich wie ein wahres Lauffeuer. Eine landesweit durchgeführte Umfrage ergab, dass sich die überwältigende Mehrheit aller Führungskräfte, nämlich 87 Prozent, für die Einnahme der Leadership-Pille aussprachen.

Selbst in staatlichen Einrichtungen, wo Skeptiker zunächst mit einer begrenzten Marktdurchdringung gerechnet hatten, sorgte die Leadership-Pille für großen Aufruhr.

Täglich waren auf der leadership-pill.com-Homepage Kommentare zufriedener Kunden zu lesen:

»Rückblickend muss ich feststellen, dass ich die meiste Zeit als Führungskraft damit verbracht habe, den Laden überhaupt in den Griff zu bekommen beziehungsweise zu überleben. Die Leadership-Pille hat mein Leben grundlegend verändert. Jetzt bin ich nicht mehr aufs Reagieren angewiesen, sondern ergreife selbst die Initiative. Ich bin in meiner Entscheidungsfindung viel selbstbewusster geworden. Dank LPI.«
Jill – Minneapolis, Minnesota
Werksleiterin, *Astor Pharmaceuticals*

»Ich wurde gerade zum Teamleiter befördert und bin ziemlich aufgelaufen. Die Leadership-Pille hat mir echt das Leben gerettet.«
Rob – New York City, New York
MetroService-Teamleiter, *JLC Wireless*

»Kaum vorzustellen, wie das war, als es die Leadership-Pille noch nicht gab. Wie sind wir ohne sie zurechtgekommen?«
Terry – Denver, Colorado
Verkaufsdirektor, *Powder Basin Ski Resort*

Nach wenigen Monaten ging die Firma *Leadership Pill Industries* an die Börse und ein professionelles Managementteam wurde eigens dazu eingestellt, das ungeheure Wachstum unter Kontrolle zu halten. Leadership-pill.com wurde zur Drehscheibe nicht nur für den Produktumsatz als solchen, sondern auch für einschlägige Info-Videos, Buchkassetten und Selbsthilfe-Publikationen.

Die große Welle zog immer größere Kreise. Schlag auf Schlag kamen Produktinnovationen auf den Markt: kundenspezifisch gefärbte Leadership-Pillen, Gel-Kapseln und sogar eine erweiterte Dosierungsrezeptur für den termingeplagten Teamchef.

Im Schlepptau erblühte ein ganzer Industriezweig – allerorts formierten sich Workshops, Betreuungsgruppen und Coaching-Teams zum Thema Leadership-Pille. Berater ergriffen die Gelegenheit, ihren Klienten Pillen-Initiativen zur Erzielung von Höchstleistungen anzubieten. Innerhalb kürzester Zeit waren in buchstäblich jedem großen Unternehmen Informationsveranstaltungen zur Leadership-Pille angesagt.

Zwischenzeitlich verflüssigten die Gründer der Firma *Leadership Pill Industries* die Mehrzahl ihrer Aktienoptionen – wie Dutzende von LPI-Mitarbeitern, die von Anfang an dabei gewesen waren. Wall-Street-Experten betitelten diese Leute als »Pillionäre«, während sich Analysten die Frage stellten, ob solch massive Liquidierung wohl ein Omen für die künftige Entwicklung sein könnte.

Doch die Umsatzzahlen für die Leadership-Pille blieben auf unverändert hohem Niveau. Die Zukunft von LPI erstrahlte in hellerem Licht als jemals zuvor.

DIE HERAUSFORDERUNG

Während die Popularität der Leadership-Pille zusehends wuchs, druckte die *Leadership Times* auf der ersten Seite ein Interview mit dem Leadership-Experten ab, das landesweit von führenden Nachrichtenmedien aufgegriffen wurde. Der Leadership-Experte, der sich als hartnäckiger Kritiker der Leadership-Pille zu Wort gemeldet hatte, war davon überzeugt, dass die Leadership-Pille die falschen Ingredienzen enthielt.

»Das Problem mit der Leadership-Pille ist ihre Zusammensetzung. Die Firma LPI hat versucht, ihr Produkt auf der Basis klassischer Führungsmaximen zu erstellen, doch offensichtlich wurden die falschen Extrakte gewählt«, so der Kommentar des Leadership-Experten. »Ich habe Leute beobachtet, die diese Leadership-Pille nehmen, und stelle fest, dass es ihnen ausschließlich um die Erzielung von Resultaten geht. Wirklich effektive Führungspersönlichkeiten gewinnen aber zusätzlich das Vertrauen und den Respekt ihrer Mitarbeiter. Sie übertragen ihren Mitarbeitern Verantwortung und lassen sie wissen, dass ihre Leistungen wichtig sind.«

Die Kommentare des Leadership-Experten lösten Bedenken bezüglich der Leadership-Pille aus und zogen eine Flut von Informationsanfragen bei der LPI-Zentrale nach sich. In Anbetracht der zunehmend chaotischen Situation begab sich der CEO von *Leadership Pill Industries* zu seiner PR-Direktorin.

»Was ist hier los?«, verlangte der CEO zu wissen. »Bitte kurz und knapp in höchstens

60 Sekunden – ich bin ohnehin schon spät dran, gleich ist meine Teepause.«

»Auf den Punkt gebracht: Der Leadership-Experte behauptet, wir hätten die falsche Pille. Um das zu beweisen, will er ein ›Projekt ohne die Pille‹ ins Leben rufen«, erklärte die PR-Direktorin.

»Moment mal – der *Leadership-Experte*?« Der CEO wurde nachdenklich: »Gibt es den Burschen denn wirklich?«

»Der Leadership-Experte ist seit Jahrzehnten ein angesehener Wirtschaftsfachmann. Seine Auffassung von Führung ist in dieser Botschaft zusammengefasst, wie sie im Rahmen des Interviews in einem pillenförmigen Kästchen abgedruckt wurde«, sagte die PR-Direktorin und überreichte dem CEO den Artikel:

Mitarbeiterführung bedeutet das Gegenteil von Kontrolle.

»Diesem Leadership-Experten bleibt nichts anderes übrig, als mitzumachen«, sagte der CEO. »Keiner führt heutzutage mehr ohne die Pille. Das müsste ihm mittlerweile eigentlich bekannt sein.«

»Ich hatte gerade ein Telefonat mit ihm, bevor Sie hereinkamen«, sagte die PR-Direktorin. »Der Leadership-Experte besteht darauf, ein ›Projekt ohne die Pille‹ durchzuführen. Er sagt, er sei von den Medien aufgefordert worden, seine Offensive auf einer Pressekonferenz öffentlich vorzustellen. Die Geschichte dürfte morgen in allen Schlagzeilen sein.«

»Das ist ein Hammer. Dann erzählen Sie mir schon, wie dieses ›Projekt ohne die Pille‹ ablaufen soll«, knurrte der CEO.

Die PR-Direktorin sagte nach einer kurzen Pause: »Es geht um eine Art Test: Führung mit oder ohne die Pille. Ein unabhängiges Gremium wählt zwei funktionsübergreifende leistungsschwache Teams aus, die mit unzureichendem Kundenservice, schlechter Arbeitsmoral und rückläufiger Profitabilität zu kämpfen haben. Eines der beiden Teams will der Leadership-Experte als Teamleiter übernehmen mit dem Ziel, binnen zwölf Monaten eine Kehrtwende für dieses Team zu erreichen – ohne jemals eine Leadership-Pille zu schlucken.«

»Und das andere Team?«, wollte der CEO wissen.

»Das andere Team dient als Vergleichsgruppe unter Führung seines derzeitigen Teamleiters, der bis zum Beginn des ›Pillenprojekts‹

allerdings keine Leadership-Pillen konsumieren darf«, fuhr die PR-Direktorin fort. »Danach wird dieser Teamleiter ein Jahr lang gewissenhaft die Leadership-Pille einnehmen und seinerseits versuchen, die Vergleichsgruppe zu einem Hochleistungsteam umzukrempeln.«

»Das kann doch nicht Ihr Ernst sein«, schnaubte der CEO verächtlich, »der Leadership-Experte hat überhaupt keine Chance. Ohne Leadership-Pillen wird er haushoch verlieren. Allerdings könnte uns dieses ›Pillenprojekt‹ als exzellente Werbung dienen – zeigt es doch, warum die Pille für das Überleben in Führungspositionen so entscheidend ist. Ich werde das Marketingteam sogleich in Kenntnis setzen. Und Sie teilen diesem Burschen, dem Leadership-Experten, mit, dass wir seine Herausforderung annehmen. Wir werden leichtes Spiel haben.«

Damit war das »Pillenprojekt« offiziell besiegelt.

DIE VORBEREITUNG

Das unabhängige Gremium, das den Vorsitz über das Pillenprojekt führen sollte, hielt einige Wochen lang Ausschau nach kränkelnden Unternehmen und ineffizienten Behörden. In Anbetracht des sich immer rascher vollziehenden Wandels, der harten Konkurrenz und schlecht vorbereiteter Führungskräfte in sämtlichen Branchen war es nicht schwer, schlecht funktionierende Organisationen zu finden.

Nach sorgfältigem Abwägen ermittelte das Gremium zwei dahinsiechende Unternehmen, die alles andere als profitabel wirtschafteten. Die leistungsschwächsten Mitarbeiter in jedem Unternehmen wurden jeweils zu neuen funktionsübergreifenden Teams formiert, die als Vergleichsgruppen im Pillenprojekt fungieren sollten.

Dem Bericht des unabhängigen Gremiums zufolge mangelte es den beiden Teams eindeutig an effektiver Führung. In den letzten zwei Jahren waren verschiedentlich Führungswechsel zu verkraften gewesen. Die Teammitglieder wurden bei Leistungsbeurteilungen durchweg als Faulpelze, Störenfriede und Phlegmatiker beschrieben. Ihr Gespür für den Dienst am Kunden war allenfalls als rudimentär zu bezeichnen.

»Kaum einer in diesen Teams tut mehr, als unbedingt notwendig«, kommentierte das unabhängige Gremium seine Ergebnisse. »Die Mehrzahl der Teammitglieder ist eher geneigt, sich über unfaire Managementpraktiken zu beschweren, als Verantwortung für die Erledigung der eigenen Aufgaben zu übernehmen. Es ist eindeutig so, dass die Wahrscheinlichkeit, an einem plötzlichen Herzversagen zu sterben, höher eingeschätzt wird als die Gefahr eines Rausschmisses.«

Als der Tag näher rückte, an dem das Pillenprojekt beginnen sollte, schickten die Medien aus allen Teilen des Landes ihre Journalisten in die Stadt, um sich für den Start des großen Ereignisses eine gute Position zu sichern.

Die Vertreter der Firma *Leadership Pill Industries*, darunter auch der CEO und die PR-Direktorin, stellten sich der Öffentlichkeit und standen jederzeit für Meetings und Interviews zur Verfügung.

Auch der Leadership-Experte war bereit, sich am Vorabend des Pillenprojekts an einer kurzen Frage/Antwort-Veranstaltung zu beteiligen. Der dazu ausgewählte große Sitzungssaal vor Ort füllte sich in kürzester Zeit mit neugierigen Reportern.

»Warum brauchen Sie ein ganzes Jahr für dieses Pillenprojekt?«, fragte Geraldine Garcia, eine landesweit bekannte Radiosprecherin.

»Es braucht seine Zeit, um als verantwortlicher Teamchef wirklich effektive Arbeit zu leisten«, antwortete der Leadership-Experte.

»Hm, ja«, meinte sie zustimmend, »es geht also darum, dass man Zeit braucht, um Resultate zu erzielen.«

»Effektiv führen bedeutet mehr als nur Resultate erzielen«, erwiderte der Leadership-Experte. »Es bedeutet, dass man das Team zu bereitwilligem Einsatz motiviert. Viele Teamleiter konzentrieren sich ausschließlich auf Resultate und kümmern sich nicht um die Beziehung zu ihren Leuten. Sie sitzen ihnen einfach so lange im Nacken, bis die Arbeit getan ist. Erfolg definieren sie nach Maßgabe der kurzfristigen Arbeitsleistung des Teams. Demgegenüber bewährt sich wahre Führung darin, dass der Führende das Vertrauen und den Respekt der Teammitglieder gewinnt, sie kontinuierlich zu motivieren versteht und ihnen zu immer neuen Höchstleistungen verhilft. Die Folge ist, dass die Teammitglieder effektiv kooperieren und auf Dauer gute Leistungen erbringen – selbst dann, wenn der Teamchef mal nicht da ist.«

Während die anwesenden Journalisten noch über diese Argumentation nachdachten, studierten sie den pillenförmigen Button, den der Leadership-Experte am Revers trug:

Führung vollzieht sich nicht nur in Anwesenheit des Führenden, sondern gerade dann, wenn er nicht vor Ort ist.

»Sie behaupten also, dass Sie innerhalb eines Jahres eine Gruppe von Leuten mit ausgesprochen schlechten Leistungen, die Ihnen nie zuvor begegnet sind, in ein höchst produktives und einsatzbereites funktionsübergreifendes Team umwandeln wollen? Und das, ohne auch nur eine einzige Leadership-Pille zu nehmen?«, fragte ein Korrespondent vom *Worker's Digest* mit offenkundiger Skepsis.

»So ist es«, bestätigte der Leadership-Experte.

»Und welchen Beweis haben wir dafür, dass Sie tatsächlich keine Pille nehmen?«, fragte der Korrespondent weiter.

»Selbstverständlich stehe ich jederzeit für Drogenkontrollen zur Verfügung«, versicherte der Leadership-Experte.

»Mal abgesehen von Ihrer Zusage, keine Leadership-Pillen zu nehmen«, warf ein Reporter ein, »wie sollen Erfolg beziehungsweise

Misserfolg Ihres Teams im Unterschied zur Vergleichsgruppe denn überhaupt bewertet werden?«

»Wir werden die vom unabhängigen Gremium erarbeitete Tripelbilanz heranziehen, um den Fortschritt der beiden Teams auf Quartalsbasis beurteilen zu können«, erwiderte der Leadership-Experte.

»Das verstehe ich nicht so ganz«, wandte der Reporter ein. »Was ist denn diese Tripelbilanz?«

»Die Tripelbilanz beinhaltet die drei wichtigsten Faktoren, die als Grundlage für die vierteljährliche Leistungsbeurteilung herangezogen werden sollen«, erläuterte der Leadership-Experte. »Mit der Tripelbilanz wird der Tatsache Rechnung getragen, dass große Unternehmen dreifach in Aktion treten – als Dienstleister, als Arbeitgeber und als Gewinnerzeuger.«

»Das hört sich für mich ziemlich rhetorisch an«, meinte der Reporter. »Vielleicht können Sie genauer erklären, wie Sie die Komponenten der Tripelbilanz bewerten wollen.«

»Selbstverständlich. Die Qualität als *Dienstleister* soll beurteilt werden anhand einer Erhebung unter unseren Kunden, um festzustellen, inwieweit ihre Erwartungen übertroffen wurden. Wenn Sie Ihre Kunden zu begeisterten Fans machen, werden sie quasi Bestandteil Ihres Außendienstes. Solche Kunden gehen damit hausieren, wie gut die Kundenbetreuung bei Ihnen ist.«

»Ach so«, sagte der Reporter.

»Die Qualität als *Arbeitgeber* – die nächste Komponente der Tripelbilanz – wird nach der internen Arbeitsmoral und Arbeitsleistung bewertet«, fuhr der Leadership-Experte fort. »Zwischen einem Team, das mit Begeisterung bei der Sache ist, und einem Team mit gleichbleibend solider Produktivität besteht ein direkter Zusammenhang.«

»Das hat wohl mit dem zu tun, was Sie vorhin gesagt haben, nämlich, dass effektive Teamleiter sowohl das Engagement ihres Teams als auch gute Resultate erzielen«, bemerkte der Reporter.

»Genau. Und die letzte Komponente der Tripelbilanz – die Qualität als *Gewinnerzeuger* – betrifft die Finanzen. Der Profit muss natürlich in die Leistungsgleichung eingehen.«

»All dies Getue um Fans und begeisterte Kunden«, warf ein Leitartikler von *The Business Insider* ein. »Sind es letztlich nicht doch nur die Finanzen, auf die es ankommt?«

»Das sehe ich anders«, sagte der Leadership-Experte. »Ich möchte Ihnen abschließend noch den folgenden Gedanken mit auf den Weg geben.« Er zog einen weiteren pillenförmigen Button aus der Tasche und steckte ihn neben den anderen Button am Revers.

Gewinn ist die Gegenleistung, die Sie für exzellente Kundenbetreuung und die Schaffung eines motivierenden Umfelds für Ihre Mitarbeiter bekommen.

Damit war das Interview zu Ende und die Journalistenschar löste sich auf.

Unter dem Strich herrschte an dem Abend das folgende Meinungsbild: Der Leadership-Experte würde mit einer Wahrscheinlichkeit von 20 zu 1 noch vor Beendigung des Pillenprojekts versuchen, sich heimlich ein paar Leadership-Pillen zu beschaffen. Doch schon am nächsten Morgen sollte die wahre Geschichte ihren Anfang nehmen.

DIE GEHEIMREZEPTUR

Am ersten Tag der vereinbarten Ohne-Pille-Offensive erschien der Leadership-Experte pünktlich zu der für acht Uhr anberaumten Besprechung mit den Mitgliedern seines neuen funktionsübergreifenden Teams, wie es vom unabhängigen Gremium zusammengestellt worden war. Allerdings stand er um viertel nach acht immer noch allein im Konferenzraum.

Erst allmählich trafen die Leute ein – die meisten sahen ziemlich verschlafen aus. Keiner von ihnen grüßte den Leadership-Experten. Keiner mochte sich auch nur ein Lächeln abringen.

»Schön, dass ich Sie nun doch alle kennen lerne«, sagte der Leadership-Experte.

Seine Worte stießen auf abweisende Blicke und finstere Mienen.

»Ich bin sicher, dass Sie alle neugierig sind und ein wenig mehr über dieses Pillenprojekt erfahren möchten«, fuhr der Leadership-Experte fort, ohne den kalten Empfang zu beachten.

»Hm, ja. Zum Beispiel, wieso gerade wir für das falsche Team ausgewählt worden sind«, moserte Javier Robles, der für Personalfragen zuständige Manager. »Mit Ihnen als einem, der die Pille nicht nehmen will, während sich der Leiter des gegnerischen Teams an Leadership-Pillen gütlich tut, haben wir doch überhaupt keine Chance. In zwölf Monaten werden wir alle auf der Straße stehen und absolut niemand wird uns mehr einstellen. Wir werden für den Rest unseres Lebens als ›Pillen-Verlierer‹ verschrien sein.«

»Nun, Javier«, erwiderte der Leadership-Experte mit einem kurzen Blick auf das Namensschild, »die Gruppe, die nicht in der Lage wäre, sich zu einem engagierten Hochleistungsteam zu entwickeln, müsste mir erst noch begegnen, seit ich von der Geheimrezeptur für effektives Führen erfahren habe.«

»*Geheimrezeptur*? Das hört sich nach einem neuen Starbucks-Gebräu an.« Javier lachte. »Was haben Sie vor – uns in einem geheimen Röstverfahren gefügig zu dörren?«

»Nicht doch«, sagte der Leadership-Experte freundlich, »obgleich ich tatsächlich plane, die drei Ingredienzen der Geheimrezeptur zur Grundlage unserer Teamarbeit zu machen.«

»Schluss jetzt mit solchen Andeutungen und Kaffeemetaphern. Nennen Sie uns die spezifischen Komponenten der Geheimrezeptur«, forderte Mary Weisman von der Betriebstechnik mit wachsender Ungeduld. Von allen Anwesenden war sie schon am längsten im Unternehmen beschäftigt.

»Bitte verstehen Sie mich nicht falsch, Mary, aber wenn ich Ihnen das lediglich *sage*, ist das nicht die beste Lernmethode für Sie. Offen gestanden habe ich als Führungskraft viele Fehler machen und erst durch eine harte Schule gehen müssen, bevor ich die Eleganz der Geheimrezeptur entdeckte. Den besten Zugang finden Sie, wenn Sie von Ihrer eigenen Definition von Führung ausgehen«, sagte der Leadership-Experte und zeigte auf die Frage, die auf der Tafel hinter ihm geschrieben stand: **»Wenn Sie die Wahl hätten, was würden Sie sich von einem Teamleiter wünschen?«**

Der Raum versank in Schweigen. Es vergingen einige Minuten, bis sich Denzel Frederick als Außendienstleiter zu Wort meldete. »Was ich mir von einem Teamleiter wünschen würde? Wie wäre es mit einem, der durch permanente Abwesenheit glänzt?«

Alles zuckte zusammen. Der Leadership-Experte nahm die kecke Bemerkung gelassen hin: »Wären Sie ein Genie, Denzel, käme ich jetzt wohl ins Schleudern. Aber wie wär's mit einem zweiten Versuch?«

»Okay«, sagte Denzel und erkannte, dass er mit seinem Versuch, den Leadership-Experten in Verlegenheit zu bringen, gescheitert war. »Ich würde mir wünschen, dass Teamleiter einfach die Wahrheit sagen. Sie wissen schon, ein ehrliches Wort anstelle von Lügen.«

»Ich weiß Ihre Offenheit zu schätzen«, lobte der Leadership-Experte. »Können Sie ein Beispiel nennen?«

»Dazu möchte *ich* was sagen«, warf Daniel Noonan ein, bemüht, möglichst präzise zu antworten. »Das ist so, als wenn uns die Geschäftsführung erzählt, es würde keine Entlassungen geben, und drei Wochen später bezieht die Hälfte meines Teams Arbeitslosengeld.«

»*Dem* kann ich nur zustimmen«, sagte Li Young Kitoko, eine Software-Ingenieurin. Sie hatte sich aus Enttäuschung über die organisatorischen Machtstrukturen bewusst für eine IT-Laufbahn ohne Managementambitionen entschieden. »Einem Politiker würde ich noch eher trauen als einem Manager.«

»Wie ich Ihren Kommentaren entnehme, erwarten Sie von einem Teamchef, dass er Ihnen reinen Wein einschenkt«, fasste der Leadership-Experte das bisherige Gespräch zusammen. »Sie wollen, dass er hält, was er verspricht.«

»Genau, ich will, dass die Führungskräfte auch wirklich tun, was sie zu tun vorgeben«, bekräftigte Li Young.

»Sämtliche Umfragen ergeben, dass von all den Dingen, die man sich von Teamleitern wünscht, Integrität die Nummer eins ist«, fuhr der Leadership-Experte fort. »Integrität bedeutet, dass man eine Reihe von Kernwerten aufstellt und dann nach ihnen lebt. Erst wenn die Aktionen einer Führungskraft die Werte der Organisation verkörpern, entwickelt sich eine wertorientierte Unternehmenskultur. Genau das ist die Essenz von **Integrität** – der ersten Komponente der Geheimrezeptur.«

Mit diesen Worten ging der Leadership-Experte zur Tafel und schrieb eine neue Botschaft darauf:

Integrität
schafft die Grundlage für Vertrauen und Respekt.

»Ich wünschte, ich könnte das Gefühl haben, dass wir alle im selben Boot sitzen«, bemerkte

Melissa Eckert, die Datenbankbeauftragte. »Für Leute mit Führungstiteln scheinen ganz andere Spielregeln zu gelten.«

»Bitte etwas genauer«, sagte der Leadership-Experte.

»Geld, Anerkennung und Macht, all das steht offensichtlich nur den höheren Rängen in der Hierarchie zu, nicht aber den Leuten, die die ganze Arbeit tun und am nächsten am Kunden dran sind«, erklärte Melissa. »Das ist für mich nun wirklich alles andere als im selben Boot sitzen.«

»Man hat den Eindruck, abgehängt zu sein. In der einen oder anderen Weise betrifft uns das aber alle«, fügte Larry Jensen von der Marketingabteilung hinzu. »Wir sind immer nur auf unsere eigene Tagesordnung und die Verteidigung unseres Reviers konzentriert und vergessen dabei, dass wir letztlich zum selben Team gehören.«

»Es kann tatsächlich schnell passieren, dass man zu sehr mit sich selbst beschäftigt ist und in die Verteidigung der eigenen Pfründe verfällt«, bestätigte der Leadership-Experte. »Die zweite Komponente der Geheimrezeptur – **Partnerschaft** – besagt, dass Führungskräfte ihre Leute in ihrer Arbeit, im Lernen und im Zusammenwachsen unterstützen müssen.« Und an der Tafel stand nun:

Partnerschaft
bringt das Teampotenzial
zur Entfaltung.

»Was würden Sie sich denn sonst noch bei einem Teamleiter wünschen?«, fragte der Leadership-Experte.

»Ich fände es gut, wenn uns die Führungskräfte mehr Wertschätzung entgegenbringen würden«, antwortete Sarah Hawkins, die in der Rechnungsabteilung arbeitete.

»Das steht auch auf meiner Wunschliste«, sagte Ryan Fletcher, ein erfahrener Kundendienstmann. »Mein letzter Chef sprach mich immer nur dann an, wenn etwas schief gelaufen war. Ich glaube, der wusste nicht mal meinen Namen.«

»Gute Führungskräfte kennen ihre Leute nicht nur über ihre Arbeitstitel«, betonte der Leadership-Experte. »Sie interessiert, was jeden Einzelnen ihrer Teammitglieder von den anderen unterscheidet.«

»Tut mir Leid, Leute, aber wenn man mir auf die weiche Tour kommt, ziehe ich die Reißleine«, sagte der Produktionsleiter Mo Zellinger und verzog das Gesicht.

»Wieso?«, fragte der Leadership-Experte. »Möchten Sie denn nicht gern wissen, dass man Sie anerkennt?«

»Ich muss so und so meine Arbeit tun, egal, ob ich mich anerkannt fühle oder nicht«, erwiderte Mo. »Ich werde nicht dafür bezahlt, dass ich ein glücklicher Mensch bin.«

»Ihre Apathie passt zu der Kultur, die hier vorzuherrschen scheint, Mo«, entgegnete der Leadership-Experte.

»Und welches ist Ihr Argument?«, hakte Mo nach.

»Mein Argument«, sagte der Leadership-Experte, »ist dies: Es sieht nicht danach aus, als ob sich die meisten von Ihnen über zu viel Dank beklagen könnten. **Anerkennung** – die letzte Komponente der Geheimrezeptur für effektive Führung – verhilft den Mitarbeitern zu einem Gefühl der Wertschätzung.«

Der Leadership-Experte lenkte die Aufmerksamkeit der Anwesenden noch einmal auf die Tafel:

Anerkennung
lässt die Leute wissen, dass das, was sie tun, wichtig ist.

Der Leadership-Experte hielt einen Moment inne und schaute jedem Einzelnen ins Gesicht. Dann fragte er: »Wenn ich Ihnen die Wünsche, die Sie in Bezug auf eine Führungskraft geäußert haben, erfüllen könnte, nämlich Integrität, Partnerschaft und Anerkennung – glauben Sie, dass wir gemeinsam ein Hochleistungsteam werden und aus diesem ›Ohne-Pille-Wettstreit‹ als Sieger hervorgehen können?«

Mehrere Teammitglieder nickten zustimmend. Andere schienen sich nicht festlegen zu wollen und warteten darauf, dass der Leadership-Experte weiterredete.

»Bis zur nächsten Besprechung bitte ich Sie, darüber nachzudenken, was wir, jeder an seinem Platz, beitragen müssen, um diese drei Komponenten der Geheimrezeptur zum Leben zu erwecken«, sagte der Leadership-Experte. »Ich hoffe, dass Sie zur nächsten Sitzung alle pünktlich erscheinen.«

Während die Gruppe den Raum verließ, fiel dem Leadership-Experten auf, dass einige Teammitglieder lebhafter und energievoller zu sein schienen als zuvor, derweil sich andere mit der bevorstehenden Aufgabe ganz offensichtlich nicht anfreunden konnten. *Jetzt geht der Spaß erst richtig los*, fuhr es dem Leadership-Experten durch den Kopf.

DIE SUCHE NACH INTEGRITÄT

Noch in derselben Woche unterzog sich der Leadership-Experte seinem ersten Drogentest, wobei die Ergebnisse sowohl an die Firma *Leadership Pill Industries* als auch an die Medien weitergeleitet wurden. Rasch sprach sich herum, dass tatsächlich kein Pillenkonsum nachgewiesen werden konnte und dass sein Team Fortschritte machte. Allerdings gab es auch erste Anzeichen dafür, dass die Vergleichsgruppe im Pillenprojekt deutliche Vorsprünge in jedem Bereich der Tripelbilanz erzielte. Demgegenüber hatte das Team des Leadership-Experten nur einen langsamen Start zu verbuchen.

Am Morgen seiner nächsten Teambesprechung wurde der Leadership-Experte schon von einigen Teammitgliedern erwartet, als er zehn Minuten vor acht den Konferenzraum betrat.

»Wir wollten uns einen guten Platz sichern«, erklärten sie. Um acht Uhr hatte sich mehr als die Hälfte der Teammitglieder eingefunden.

»Danke, dass Sie gekommen sind«, sagte der Leadership-Experte. »Das ist schon ein gutes Zeichen. Wo waren wir stehen geblieben?«

»Und was ist mit den anderen?«, unterbrach ihn Denzel Frederick.

»Wir fangen ohne sie an«, erwiderte der Leadership-Experte.

»Ich dachte, Ihnen ginge es vor allem darum, dass wir ein Team sind«, sagte Denzel.

»Das stimmt«, antwortete der Leadership-Experte, »aber Hochleistungsteams können nicht ihr Tempo verringern, weil einige ihren Verpflichtungen nicht nachkommen. Wir haben vereinbart, dass wir uns an diesem Morgen treffen. Leute, die sich nicht an Vereinbarungen halten, lassen es an Respekt für uns andere mangeln. Damit ist ihre Integrität infrage gestellt.«

»Und damit wären wir wohl wieder bei der Geheimrezeptur«, sagte Melissa Eckert.

»Ja, die Geheimrezeptur spielt hier ganz sicher eine Rolle«, stimmte der Leadership-Experte zu. »In der Tat ist es so, dass der erste Schritt in Richtung einer von Integrität geprägten Kultur darin besteht, eine Umgebung des Vertrauens und des Respekts aufzubauen. Lassen Sie uns darüber reden, was Sie und ich tun können, um das durch effektive Führung zu bewerkstelligen.«

»Ich dachte, Führen sei *Ihr* Job«, sagte Melissa.

»Das ist wohl wahr. Aber ich kann nur dann effektive Arbeit leisten, wenn jeder von Ihnen dazu beiträgt – aus der Perspektive eigenverantwortlicher Führung. Führung ist nämlich keine Einbahnstraße«, betonte der Leadership-Experte und ging zur Tafel.

Leadership ist nicht etwas, was Sie Ihren Mitarbeitern *zuteil werden lassen*, sondern etwas, was Sie *mit ihnen teilen*.

»Sie haben gesagt, der Schlüssel zu Integrität sei Vertrauen und Respekt«, sagte Sarah Hawkins. »Ist das denn nicht dasselbe?«

»Eigentlich nicht«, erwiderte der Leadership-Experte. »Fangen wir mit dem Respekt an. Wenn ich Sie respektiere, wende ich mich Ihnen zu. Und das heißt, dass ich Sie an der Entscheidungsfindung beteiligen und Ihre Ansichten kennen lernen möchte. Deshalb ist Führung etwas, was wir gemeinsam tun. Hingegen wären mir in einer durch wenig Respekt geprägten Umgebung Ihre Meinungen ziemlich gleichgültig. Wenn ich Sie nicht respektiere, kehre ich Ihnen den Rücken zu.«

»So ist das bei allen Führungskräften gewesen, die wir hier bisher hatten«, erinnerte sich Sarah.

»Leider meinen einige Führungskräfte, *sie* seien die Erfinder aller guten Dinge«, bemerkte der Leadership-Experte. »Sie tun so, als könnte es ihnen völlig gleichgültig sein, was andere Leute denken.«

»Respekt bedeutet aber doch Geben *und* Nehmen, oder?«, fragte Li Young Kitoko.

»Unbedingt. Beispielsweise hoffe ich, dass Sie mir genauso bereitwillig zuhören wie ich Ihnen«, sagte der Leadership-Experte.

»Ich habe eine Idee, wie man Respekt hier bei uns verwirklichen könnte«, verkündete Daniel Noonan, während Mo Zellinger, Mary Weisman und Javier Robles hereinkamen.

»Nur heraus damit«, drängte der Leadership-Experte.

»Halten wir uns an die goldene Regel: Verhalte dich anderen gegenüber so, wie sie sich deiner Meinung nach dir gegenüber verhalten sollen«, fuhr Daniel fort. »Ich möchte, dass meine Meinung respektiert wird. Also muss ich auch die Meinung anderer respektieren.«

»Auch Führen durch entsprechendes Vorbild ist eine Möglichkeit, Respekt zu praktizieren«, fügte Ryan Fletcher hinzu. »Die Art und Weise, wie ich die Kunden anspreche, bestimmt ihre Grundhaltung gegenüber meiner Person und unserem Unternehmen. Mein Verhalten hat eine unmittelbare Auswirkung auf das Maß an Respekt, den sie uns entgegenbringen.«

»Sie sind auf der richtigen Spur«, sagte der Leadership-Experte, drehte sich um und schrieb an die Tafel:

Führen mit Integrität bedeutet, dass Sie sich so verhalten, wie Sie es von anderen erwarten.

»Aber wie steht es nun mit dem Vertrauen?«, fragte Ryan.

»Vertrauen bekunde ich, wenn ich bereit bin, Sie mit dem Ball laufen zu lassen, und Ihnen die Verantwortung für einen bestimmten Bereich übergebe«, sagte der Leadership-Experte. »Vertrauen heißt: Ich weiß, dass Sie Ihre Sache gut machen, ob ich nun persönlich vor Ort bin oder nicht.«

»Na, dann viel Glück, wenn Sie das hier bei uns einführen wollen«, kommentierte Javier die Ausführung des Leadership-Experten leicht spöttisch.

»Um eine vertrauensvolle Umgebung aufzubauen, braucht man einige Kernwerte, an denen sich die Mitarbeiter bei ihrer Arbeit im Rahmen der organisatorischen Zielsetzung orientieren können«, erwiderte der Leadership-Experte, ohne auf die ironische Bemerkung von Javier einzugehen.

»Ich könnte mir vorstellen, dass Sie Integrität, Partnerschaft und Anerkennung zu unseren drei Werten machen wollen.« Denzel Frederick grinste vielsagend.

»Und was halten *Sie* davon?« fragte der Leadership-Experte.

»Wenn wir hier als Team zusammenarbeiten wollen, dürften diese Werte durchaus Sinn machen«, gab Denzel zu.

»Wie wichtig es ist, dass wir uns an den Werten unserer Geheimrezeptur orientieren, wird noch deutlicher, wenn wir mehr darüber wissen«, versicherte der Leadership-Experte.

»Sie nehmen das alles ja ziemlich ernst«, meinte Mary Weisman.

»Das sollten wir alle tun. Ich habe schon erlebt, wie Unternehmen ihre Werte auf Plakaten und Fahnen an die Wände hängen und alle Beteiligten das für einen Scherz halten. Keiner kümmert sich bei seinen Entscheidungen um diese Werte und die Führungskräfte ziehen auch niemanden zur Rechenschaft, der sich nicht wertorientiert verhält«, erklärte der Leadership-Experte. »Diese Missachtung gegenüber den Werten der Organisation hat einen Vertrauensbruch zur Folge.« Er wendete sich erneut der Tafel zu und schrieb:

Vertrauen entsteht, wenn Ihre Werte und Ihr Verhalten übereinstimmen.

»Wie wollen wir denn nun vorgehen, um hier eine Umgebung des Vertrauens und Respekts zu schaffen?«, fragte Melissa Eckert.

»Als Erstes möchte ich Sie bitten, die drei wichtigsten Dinge aufzulisten, die Ihnen an Ihrer Arbeit hier gut gefallen, und dann die drei wichtigsten Dinge, die Ihnen überhaupt nicht gefallen«, sagte der Leadership-Experte.

Den Teammitgliedern fiel es nicht schwer, ihre Listen zu erstellen. Bei der anschließenden Besprechung ließ der Leadership-Experte die Mitglieder der Gruppe ihre Ergebnisse austauschen. »Interessante Arbeit« wurde als wichtigster Pluspunkt genannt, gefolgt von »anständiger Bezahlung« und »angenehmen Arbeitsbedingungen«. Bei den Minuspunkten stand an erster Stelle »nicht eingehaltene Versprechen«, dicht gefolgt von »kein Teamgeist« und »wenig Anerkennung für gute Leistungen«.

»Warum konzentrieren wir uns nicht einfach auf die Pluspunkte?«, fragte Li Young Kitoko.

»Wir müssen wissen, was nicht funktioniert, damit wir erkennen, wo wir mit unseren Verbesserungen ansetzen müssen. Eine wesentliche Voraussetzung für Integrität ist doch, dass wir einander so viel Vertrauen entgegenbringen, dass wir zu unseren Unzulänglichkeiten ebenso stehen wie zu unseren Stärken. Wenn wir wissen, dass wir für unsere Schwächen keine Prügel beziehen, können wir daran arbeiten, Mittel und Wege zu ihrer Beseitigung zu finden«, sagte der Leadership-Experte.

Die Teammitglieder machten sich daran, weiter am Aufbau von Respekt und Vertrauen zu arbeiten, und schon bald zeigte sich ein Zusammenhang zwischen dem in der Geheimrezeptur enthaltenen Kernwert Integrität und der Fähigkeit des Teams zu effektiver Zusammenarbeit.

Alle waren bemüht, den Respekt ihrer Kollegen, der Kunden und des Leadership-Experten zu gewinnen, indem sie aktiv zuhörten und selbst die Initiative ergriffen, anderen zu helfen. Bei den nächsten Teambesprechungen machten sie Bestandsaufnahme – nicht nur in Bezug auf ihre Erfolge, sondern auch auf Defizite. Allmählich setzte sich ein Klima des Vertrauens unter den Teammitgliedern wie auch zwischen dem Team und dem Leadership-Experten durch. Auch er trug das seine dazu bei, die so entstehende Kultur der Integrität zu bereichern.

In der dann folgenden Besprechung stellte der Leadership-Experte fest: »Viele Manager verkünden lauthals, sie verfolgten eine Politik der offenen Tür, aber in Wirklichkeit ist die Tür verrammelt. Wenn sich solche Chefs nicht gerade in ihrem Büro verstecken oder zu einem dreistündigen Mittagessen entschwunden sind, bedeutet ihr unwilliges Stirnrunzeln ein unmissverständliches ›Bitte nicht stören‹. Die Leute wissen nie, wann sie solche Manager mal ansprechen können.«

»Das ist eine perfekte Beschreibung der Führungskräfte, die vor Ihnen hier waren«, bemerkte Mo Zellinger. »Aber woher wissen wir, ob Sie letztlich nicht doch in deren Fußstapfen treten?«

»Führungskräfte, die sich an ihr Versprechen halten, für ihre Leute stets ein offenes Ohr zu haben, sind bemüht, Vermutungen und Ungewissheiten zu klären, Mo. Sie stellen ihre

Integrität unter Beweis, indem sie sich an genau dieselben Wertmaßstäbe halten, die sie auch für ihr Team ansetzen. Dies zeigt einmal mehr, warum es so wichtig ist, dass Sie und ich unser Verhalten konsistent an den Werten der Geheimrezeptur orientieren.« Mit diesen Worten schrieb der Leadership-Experte eine neue Botschaft an die Tafel:

Mitarbeiter bringen Ihnen leichter Vertrauen und Respekt entgegen, wenn Sie sich an das halten, was Sie sagen.

Sodann stellte der Leadership-Experte ein Terminplanungssystem vor, über das man Termine mit ihm online buchen konnte. Und er führte noch eine weitere Regelung ein – den »für die Mitarbeiter reservierten Montag«.

»Künftig werden Sie direkten Zugang zu meiner Terminplanung haben. Ich weise darauf hin, dass ich montags keine externen Sitzungen oder Konferenzgespräche anberaume«, sagte der Leadership-Experte. »Auf diese Weise möchte ich sicherstellen, dass ich mindestens einen vollen Tag in der Woche für Gespräche mit Ihnen habe. Im Übrigen werde ich, wenn wir künftig – im gegenseitigen Vertrauen – zusammenarbeiten, vermutlich gar nicht so viel Zeit dafür reservieren müssen.«

Die Teammitglieder waren begeistert, erkannten sie doch, dass der Leadership-Experte tatsächlich hielt, was er versprochen hatte, und sich an den Kernwert Integrität gebunden fühlte. Allerdings waren ihm gegenüber immer noch gewisse Vorbehalte zu spüren, als sich das erste Quartal dem Ende näherte.

DIE FORDERUNG NACH PARTNERSCHAFT

Die Ergebnisse des ersten Quartals der Ohne-Pille-Offensive wurden in einer Pressemitteilung des unabhängigen Gutachtergremiums der Öffentlichkeit vorgestellt. Das Team des Leadership-Experten hatte sich zwar in puncto Integrität stetig fortentwickelt, hinsichtlich seiner Tripelbilanz konnte es jedoch nicht so schnelle Fortschritte verbuchen wie die Vergleichsgruppe.

»Wir haben ein gesundes Fundament«, erklärte der Leadership-Experte den Journalisten, »aber es wäre unrealistisch anzunehmen, wir könnten uns in nur neunzig Tagen von einem leistungsschwachen zu einem hochkarätigen

Team mausern. Aber geben Sie uns noch nicht auf.«

Die Vergleichsgruppe im Pillenwettstreit hingegen hatte in allen drei Leistungsfeldern der Tripelbilanz deutlich zugelegt. Der Leiter dieses Teams, der, wie geplant, regelmäßig seine Leadership-Pillendosis einnahm, wurde wegen seiner Entschlossenheit, Dynamik und Selbstsicherheit allseits bejubelt.

»Die Kunde von der Wirksamkeit der Leadership-Pille möge sich in aller Welt verbreiten«, tönte der CEO von LPI vollmundig in einem Fernsehinterview. »Kundenservice, Arbeitsmoral und Produktivität werden mit jedem Tag besser. Auch die Rentabilität steigt. Eine wahrlich potente Pille!«

Die positiven Nachrichten ließen die LPI-Aktie nach oben klettern. Die Schlagzeilen auf den Titelseiten aller großen Zeitungen feierten den Erfolg der Leadership-Pille. Populäre Zeitungsmagazine brachten Titelgeschichten über besagte Pille und versahen sie mit sexy gefärbten Aufmachern wie »Die Pille des Jahrhunderts« oder »Der kleine Muntermacher für Manager«.

Der Leadership-Experte ließ sich weder durch den imponierenden Vorsprung der Vergleichsgruppe verunsichern noch durch die Tatsache, dass sie einen Blitzstart hingelegt hatte und die Nase vorn behielt. Seine erste Handlung zu Beginn der zweiten Etappe der Ohne-Pille-Offensive war, den Produktionsstätten seines Teams einen nächtlichen Besuch abzustatten.

»Was treibt Sie denn hier in die Nachtschicht?«, wollte der Betriebsobmann wissen. »Hat jemand die Stechuhr vergessen zu betätigen?«

»Keine Angst, ich beiße nicht«, versicherte der Leadership-Experte.

»Warum dann dieser unerwartete Besuch?«, fragte der Obmann.

»Ich wollte einfach mal sehen, ob ich mich heute Nacht hier nicht nützlich machen kann. Bisher hatte ich keine Gelegenheit, Sie alle kennen zu lernen, und ich dachte, es wäre ein prima Anlass, mich bei Ihnen auf diese Weise einzuführen«, antwortete der Leadership-Experte.

»Sie müssen ein Masochist sein«, meinte der Obmann.

»Mag sein«, sagte der Leadership-Experte, »aber ich bin es gewöhnt, die Ärmel hochzukrempeln.«

Sie flachsten noch ein wenig herum, doch dann machte sich der Leadership-Experte an die Arbeit. Am Ende der Schicht nahm ihn der Obmann beiseite und sagte: »Das war ein großer Schritt zu mehr Partnerschaft zwischen Arbeitern und Management. In dieser Nacht haben Sie uns allen gezeigt, dass Sie unsere Arbeit anerkennen.«

Der Leadership-Experte blieb noch ein Weilchen bei der Mannschaft, bei heißem Kaffee und knusprigen Hörnchen. Nach schier endlosem gegenseitigem Auf-die-Schulter-Klopfen verabschiedete er sich und fuhr im Morgengrauen nach Hause – seinem wohlverdienten Schlaf entgegen.

Später am Tag fand eine Mitarbeiterkonferenz statt. Der Leadership-Experte ging zur Tafel und schrieb folgende Botschaft auf:

Der Schlüssel zu effektiver Führung liegt in der Beziehung zu Ihrem Team.

»Warum hat er den Besprechungstermin auf mittags verschoben?« fragte Li Young Kitoko, als sie hereinkam.

»Anscheinend hat er eine wilde Nacht hinter sich«, flüsterte Ryan anzüglich grinsend. »Vielleicht hat er 'nen Kater.«

»Guten Mittag allerseits«, sagte der Leadership-Experte, ohne auf die Kommentare einzugehen. »Danke, dass Sie trotz der kurzfristigen Terminänderung kommen konnten. Ich habe gestern der Nachtschicht einen Besuch abgestattet, der sich sicher gelohnt hat.«

»Wie bitte?« Ryan schnappte überrascht nach Luft. »Das ist bisher noch keinem Manager eingefallen.«

»Sie sollten bei Gelegenheit auch einmal hingehen. Ich bin sicher, die Leute würden es zu schätzen wissen«, sagte der Leadership-Experte. »Es wird manchmal allzu leicht vergessen, dass wir alle in einem Boot sitzen.«

»Was steht eigentlich für heute auf der Tagesordnung?«, fragte Larry Jensen. »Ich habe langsam Hunger.«

»Keine Sorge, es wird schon etwas zu essen geben«, antwortete der Leadership-Experte.

»Prima«, sagte Larry, »laden Sie uns in ein hübsches Restaurant ein?«

»Tut mir Leid, Larry, heute nicht«, entgegnete der Leadership-Experte lächelnd. »Ich habe etwas zu essen bestellt.«

»Hört sich nach Arbeitsessen an«, stöhnte Mary Weisman.

»Ich möchte es eher als Lunch-und-Lern-Meeting bezeichnen. Es gibt einige interessante Dinge, die ich heute mit Ihnen besprechen möchte.«

In der nächsten halben Stunde gab der Leadership-Experte den Teammitgliedern einen Überblick über die gesamtstrategischen Zusammenhänge der Organisation. Er erläuterte ihnen das aktuelle Budget und die Ertragsprognosen. Zum Schluss händigte er ihnen eine Kopie des letzten Quartalsberichts aus.

»Wow!«, meinte Daniel Noonan überrascht, als er und seine Teamkollegen die Zahlen durchblätterten. »Das ist das erste Mal, dass ich so etwas zu Gesicht bekomme.«

»Jetzt verstehe ich auch, warum bei uns die Forderungsbestände so hoch liegen«, sagte Sarah Hawkins. »Seht euch nur all diese überfälligen Rechnungen an.«

»Man stelle sich nur vor, wie viel nicht eingeforderte Gelder wir da draußen herumschwirren haben«, warf Mo Zellinger ein. »Kein Wunder, dass unser Gewinn weit unter Ziel liegt.«

»Die wenigsten Manager gewähren ihren Mitarbeitern Einsicht in derartige Unternehmensberichte«, bemerkte der Leadership-Experte. »Sie tun so, als seien diese Informationen topsecret. Eigentlich ist dies genau das Gegenteil von Partnerschaft. Man lässt die Leute im Dunkeln tappen und auf Ziele schießen, die sie gar nicht sehen können.«

»Ich kenne das Gefühl«, sagte Javier Robles. »Ich bin verantwortlich für die Neubesetzung offener Stellen, aber wie viele Leute das Unternehmen verlassen haben, erfahre ich immer erst dreißig Tage später, wenn sich das Firmentor schon längst hinter ihnen geschlossen hat.«

»Unser früherer Boss war der Meinung, wir wären zu dumm, um solche Zahlen zu verstehen«, fügte Denzel Frederick hinzu.

»Wenn Sie mit Ihrem eigenen Konto klarkommen, dürfte Ihnen auch das Lesen eines Managementberichts nicht schwer fallen«, antwortete der Leadership-Experte. »Der zweite Kernwert unserer Geheimrezeptur kann nur funktionieren, wenn derartige Informationen allen Teammitgliedern frei zugänglich sind.

Partnerschaft ist keine Einbahnstraße, sie bedeutet Teilhabe: Sie wie auch ich haben gleichermaßen Teil an der Lust und dem Frust, dem Positiven wie dem Negativen. Schließlich will ich hier nicht der Einzige sein, der nachts nicht schlafen kann!«

Als das Essen eintraf, schrieb der Leadership-Experte folgenden Satz an die Tafel:

Gemeinsame Informationen über die größeren Zusammenhänge gewährleisten, dass alle an einem Strang ziehen.

Die Diskussion über diese Themen ging auch während des Essens weiter. Danach wurden die Teller weggeräumt.

»Lassen Sie mich noch einen weiteren Punkt ansprechen, bevor wir unser Lunch-Meeting beenden«, sagte der Leadership-Experte. »Wie Sie wissen, ist der Montag generell für Sie reserviert. Diese Zeit will ich mit Ihnen intensiv und konstruktiv nutzen. Dabei schwebt mir vor, wöchentliche Einzelgespräche von fünfzehn bis dreißig Minuten Dauer einzurichten.«

»Kaum zu fassen. Warum machen Sie das?«, fragte Mary Weisman.

»Es soll sichergestellt sein, dass ich, frei von sonstigen Terminen, regelmäßig mit jedem Einzelnen von Ihnen ein persönliches Gespräch führen kann«, entgegnete der Leadership-Experte. »Mit anderen Worten, ich möchte mit Ihnen darüber reden, welche Sorgen Sie haben und wie ich Ihnen helfen kann. Ich möchte über *Ihre* Agenda sprechen. In dieser Zeit höre *ich Ihnen* zu. Sie sollen wissen, dass ich meine Hauptaufgabe nicht darin sehe, Ihre

Leistung zu beurteilen. Ich möchte partnerschaftlich mit Ihnen zusammenarbeiten und Ihnen helfen zu gewinnen. Und wenn Sie gewinnen, gewinne ich ebenfalls.«

»Hört sich vielversprechend an.« Melissa Eckert lächelte.

Die Lunch-und-Lern-Meetings erfreuten sich in den nächsten drei Monaten wachsender Beliebtheit. Lerry Jensen und Sarah Hawkins arrangierten ihre eigenen Variationen zum Thema und boten Meetings für Kollegen an, die mehr über Marketing und Finanzbuchhaltung wissen wollten. Zu ihrer Freude waren die Veranstaltungen gut besucht.

Die Wochen zogen ins Land und die Kontrolltests, denen sich der Leadership-Experte bezüglich der Einnahme der Leadership-Pille unterziehen musste, fielen nach wie vor negativ aus. Im ganzen zweiten Quartal der Ohne-Pille-Offensive konzentrierte er sich darauf, weitere

Mittel und Wege zu mehr Partnerschaft durch gemeinsames Lernen zu entwickeln. So initiierte er zunächst ein Kollegen-Mentoren-Projekt, bei dem erfahrene Mitarbeiter Neueinsteiger im Unternehmen unter ihre Fittiche nahmen und ihnen halfen, sich zurechtzufinden. Des Weiteren begann er, Mitglieder seines Teams zu Besprechungen mitzunehmen, die er zuvor alleine besucht hatte.

»Sie sollen mit an die Front kommen, damit Sie handfeste Erfahrungen sammeln und lernen können«, erläuterte der Leadership-Experte

Auch setzte er seinen Plan um, mit jedem seiner Mitarbeiter informelle Gespräche zu führen. Anfangs hielten sie sich ein wenig bedeckt und zögerten, ihre Sorgen und Nöte offen zu äußern. Aber als der Leadership-Experte sie nicht abstrafte – selbst wenn sie Negatives vorbrachten –, begannen sie, diesem Verfahren zu vertrauen. Dieser Prozess des wöchentlichen kontinuierlichen Lernens schuf einen ständigen Informationsfluss in beide Richtungen und unterstützte den Leadership-Experten bei seinem Ziel, für seine Leute nicht Weisungsgeber, sondern vielmehr Coach zu sein.

Darüber hinaus gab der Leadership-Experte einer Kultur der Partnerschaft weitere Impulse, indem er einen kooperativen Lernprozess mit Cross-Training und Job-Rotation initiierte. Als diese Initiative zu greifen begann, taten sich nicht nur neue Karrierepfade auf, sondern es erweiterte sich auch das im Team vorhandene kollektive Repertoire an Fähigkeiten.

Das Letzte, was der Leadership-Experte in der zweiten Etappe der Ohne-Pille-Offensive einführte, war ein Leadership-Trainingsprogramm für interessierte Teammitglieder. Melissa Eckert war die Erste, die sich freiwillig meldete.

»Ich möchte, dass Sie nächste Woche die Mitarbeiterkonferenz leiten«, sagte der Leadership-Experte zu ihr. »Es ist das letzte Meeting des Quartals.«

»Sind Sie von allen guten Geistern verlassen?«, fragte Melissa.

»Nein, ich dachte nur, Sie hätten vielleicht Lust dazu, den Versuch zu wagen«, antwortete der Leadership-Experte. »Viele Manager glauben, sie seien als Einzige in der Lage, ein Meeting zu leiten. Meetings nehmen einen Großteil meiner Zeit in Anspruch; also macht es Sinn, diese Belastung mit anderen zu teilen. Außerdem kann es sehr nützlich sein, wenn man in der Lage ist, ein Gespräch zu moderieren.«

»Ich werde es versuchen, aber ich habe keinen blassen Schimmer, wie man sich vor Publikum präsentiert«, bekannte Melissa.

»Ich werde es Ihnen beibringen«, versprach der Leadership-Experte. »Mein Ziel ist, dass Sie Erfolg haben, und nicht, dass Sie einen Reinfall erleben.«

Melissa und der Leadership-Experte kamen in dieser Woche mehrere Male zusammen, um an der Verbesserung ihrer Fähigkeiten zu feilen.

»Sie werden das schon schaffen«, sagte der Leadership-Experte. »Machen Sie sich nichts daraus, wenn Sie ein bisschen nervös sind.«

Am Morgen der Mitarbeiterbesprechung waren alle Kollegen um Punkt acht Uhr anwesend – ein für das Team nie da gewesenes Ereignis. »Zumindest *das* ist ein gutes Zeichen«, seufzte Melissa. Ein letztes Mal schaute sie zum Leadership-Experten hinüber. Sein aufmunternder Blick nahm ihr die Befangenheit und sie begrüßte die Anwesenden.

Einmal angefangen, blickte Melissa nicht mehr zurück. Es wurde bald deutlich, dass sie besser präpariert war, als ihre Teamkollegen vermutet hatten. Zum Schluss ging Melissa zur Tafel und schrieb auf, was sie in dieser Woche über Partnerschaft gelernt hatte:

Ein Berg lässt sich leichter erklimmen, wenn der Aufstieg gemeinschaftlich erfolgt.

Das Team nahm sich in den folgenden Tagen Melissas Botschaft zu Herzen. »Den Berg gemeinschaftlich erklimmen« sollte über die partnerschaftliche Zusammenarbeit mit dem Leadership-Experten hinausgehen, beschlossen sie. Es bedeutete, auch untereinander ein stärkeres Partnerschaftsgefühl zu entwickeln. Ihnen war klar, dass sie sich gegenseitig stärker unterstützen und eine größere Kooperationsbereitschaft an den Tag legen mussten.

Melissa machte den Anfang und bot jedem Teamkollegen ihre Hilfe an, der lernen wollte, wie man ein Meeting leitet. Li Young Kitoko ihrerseits setzte sich daran, die Fehler in der Software des Personal-Informationssystems auszumerzen, die verhindert hatten, dass Javier Robles aktuelle Personalstatistiken und Personalbedarfsmeldungen erhielt. Nach und nach machten diese Beispiele Schule – der Grundstein einer Teamkultur des Miteinander und Füreinander war gelegt.

DIE KUNST DER ANERKENNUNG

Die Ergebnisse des zweiten Quartals im Pillenwettstreit wurden der Presse vorgelegt. Wie in der vorangegangenen Etappe wies die Vergleichsgruppe bessere Resultate hinsichtlich Kundenzufriedenheit und Gewinnsituation aus. Aber in der Bewertung der Arbeitsmoral begann sich ein Abwärtstrend abzuzeichnen. Im Gegensatz dazu konnte das Team des Leadership-Experten auf allen drei Gebieten der Tripelbilanz deutlich zulegen.

»Wir machen solide Fortschritte auf dem Weg zu exzellenter Kundenbetreuung, exzellenter Arbeitsmoral und exzellentem Finanzergebnis«, bemerkte der Leadership-Experte.

»Das Spiel ist noch lange nicht vorbei und wir werden es letztendlich ganz ohne die Leadership-Pille gewinnen.«

Der Leadership-Experte war entschlossen, die Erfolge seines Teams zu nutzen und weiter auszubauen. Bei der nächsten Mitarbeiterkonferenz besprach er mit seinem Team die Ergebnisse des zweiten Quartals der Ohne-Pille-Offensive.

»Danke für Ihren Einsatz. Auch wenn wir noch lange nicht über dem Berg sind, haben wir in Sachen Integrität und Partnerschaft viel Boden gutgemacht. Jetzt müssen wir noch Mittel und Wege finden, um das Ganze in Schwung zu halten, damit wir am Ende unsere Tripelbilanz maximieren können. Genau hier kommt der dritte Kernwert unserer Geheimrezeptur ins Spiel: Anerkennung.«

»Wie sieht Anerkennung in der Praxis aus?«, fragte Daniel Noonan.

»Eine ganz einfache Möglichkeit ist, Danke zu sagen. Sie können dem Selbstwertgefühl eines Menschen gewaltig Auftrieb geben, wenn Sie ihn wissen lassen, dass Sie seine Bemühungen schätzen und die Wichtigkeit seines Tuns anerkennen«, sagte der Leadership-Experte. »Entscheidend ist, dass Sie die Regeln für effektive Anerkennung befolgen.«

»Regeln?«, warf Daniel ein.

»Ja«, antwortete der Leadership-Experte, »Anerkennung ist am effektivsten, wenn sie präzise, aufrichtig und möglichst bald, nachdem ein erwünschtes Verhalten stattgefunden hat, geäußert wird. Lob sollte ganz konsequent nur in solchen Situationen ausgesprochen werden, in denen wirklich Grund dazu besteht, und nicht schon jedes Mal dann, wenn etwas einfach nur richtig gemacht wird.«

»Ich konnte Ihnen die ganze Zeit folgen – bis zu diesem letzten Punkt, wo es darum geht, dass man nicht bei jeder Gelegenheit loben soll«, sagte Daniel.

»Sehen Sie es so, Danny«, erklärte der Leadership-Experte, »wenn man einen Mitarbeiter nicht jedes Mal lobt, wenn er etwas richtig gemacht hat, hilft man ihm zu lernen, sich selbst zu loben, anstatt sich ständig von dem Lob anderer abhängig zu machen.«

»Das leuchtet wirklich ein«, stimmte Daniel zu.

Am nächsten Tag rief der Leadership-Experte Mo Zellinger an. »Ich möchte Sie gerne sprechen, direkt nach der Mittagspause«, sagte er, »je eher, desto besser.«

Besorgt rief Mo ein paar Kollegen an und fragte, ob sie wüssten, was im Busch sei.

»Vermutlich Entlassungen«, meinte Mary Weisman ahnungsvoll.

»Danke, wirklich nett von dir – das baut auf«, erwiderte Javier Robles.

Als Mo eintrat, fragte ihn der Leadership-Experte, ob er eine Tasse Kaffe wünsche.

»Nein danke, bringen wir es besser gleich hinter uns«, sagte Mo.

»Wissen Sie, warum Sie heute hier sind?« fragte der Leadership-Experte.

Tausend negative Gedanken schossen Mo durch den Kopf. Er wusste, er musste etwas falsch gemacht haben.

»Ich möchte die Gelegenheit nutzen, um Ihnen zu sagen, wie sehr ich in letzter Zeit mit Ihrer Arbeit zufrieden bin«, fuhr der Leadership-Experte fort. »Die Produktionszahlen sind nach oben gegangen und das Lohnniveau liegt unter dem Budget. Danke für Ihre positive Einstellung und Ihr Engagement.«

Mo war sprachlos.

»Sie sehen aus, als hätten Sie ein Gespenst gesehen«, sagte der Leadership-Experte. »Ist irgendwas?«

»Ich dachte, Sie hätten mich hergebeten, um mir zu kündigen«, antwortete Mo.

»Wie kommt es, dass die Leute immer denken, sie steckten in der Bredouille, wenn ihr Chef mit ihnen reden will?«, fragte der Leadership-Experte. »Ich wollte Ihnen ein Kompliment aussprechen und kein Verschlankungsopfer aus Ihnen machen.«

Mo wurde plötzlich klar, dass er sich das Vertrauen und den Respekt des Leadership-Experten verdient hatte – und dass der Leadership-Experte sich sein Vertrauen und seinen Respekt verdient hatte. Er dachte, wie groß doch die Macht der Anerkennung ist – eine einfache, kostenlose Möglichkeit, anderen Menschen ein stärkeres Selbstwertgefühl zu vermitteln. Später am Tag schickte der Leadership-Experte jedem seiner Teammitglieder folgende Notiz:

Lob ist das einfachste Mittel, Ihre Mitarbeiter wissen zu lassen, dass sie geschätzt werden.

Als Denzel Frederick die letzte Botschaft des Leadership-Experten las, hatte er eine Idee, wie man Anerkennung zu einem wechselseitigen Prozess machen konnte. Er rief eine Initiative unter der Bezeichnung »Botschafter der Geheimrezeptur« ins Leben.

»Wenn ich auf einen Teamkollegen treffe, der Integrität, Partnerschaft oder Anerkennung praktiziert, verleihe ich ihm auf der Stelle eine persönlich signierte BGR-Urkunde – eine Ehrenurkunde als Botschafter der Geheimrezeptur«, erklärte Denzel voller Enthusiasmus.

Andere Teammitglieder machten sich bald Denzels Idee zu Eigen. Larry Jensen ging sogar so weit, auch externen Kunden und Lieferanten, die musterhaftes BGR-Verhalten an den Tag legten, ein solches Zertifikat auszustellen.

Der Leadership-Experte, der fest an das Konzept glaubte, dass gute Leistung anerkannt werden muss, ließ für jedes Teammitglied einen Vorrat an BGR-Urkunden drucken. Oben auf jeden Stapel schrieb er folgenden Satz:

Jeder Mensch ist in der Lage, das Positive im anderen zu erkennen.

Das Team des Leadership-Experten merkte, dass es unendlich viele Möglichkeiten gab, diese Ehrenurkunde an verdiente Botschafter der Geheimrezeptur zu verleihen. Doch gab es auch Zeiten, in denen nicht alles zum Besten stand. Wenn die Leistung von Teammitgliedern zu wünschen übrig ließ, war Lob selbstverständlich nicht angebracht.

Der Leadership-Experte wusste, dass auch Mitarbeiter, die den Anforderungen nicht gerecht wurden, dennoch in der Lage waren, gute Arbeit zu leisten. Anstatt daher seine Energien auf ihre Leistungsdefizite zu konzentrieren, versuchte er, ihr Arbeitsverhalten in eine neue Richtung zu lenken und ihre Leistungsbereitschaft neu zu wecken. Hierzu setzte er sich mit den Betreffenden zusammen und erarbeitete gemeinsam mit ihnen neue Arbeitsstrategien, wies sie Projekten zu, bei denen ihre Talente besser zum Einsatz kommen konnten, oder spannte Teamkollegen als Mentoren ein. Wenn sich dann die Leistung der betreffenden Personen besserte, ließ ihnen der Leadership-Experte Anerkennung und Lob zuteil werden.

Auf der Linie dieses Anerkennungskonzepts lag auch die Entscheidung des Leadership-Experten, familienfreundliche Arbeitszeitmodelle zu testen – Gleitzeit, Job Sharing, Telearbeit und komprimierte Arbeitswochen.

»Ich bin von der kühnen Annahme ausgegangen, dass Sie alle neben Ihrem Arbeitsalltag auch noch ein Privatleben haben«, erklärte er dem Team.

Darüber hinaus führte der Leadership-Experte als Anerkennung für außerordentliche Leistungen so genannte Auszeiten für mentale Hygiene und Stressabbau ein. Hierzu gehörten zum Beispiel bezahlte Freizeit, Massage-Geschenkgutscheine, Projekte zur Arbeitsmotivation, Teambildungsinitiativen und Freiabos im Fitness-Studio.

»Eine Auszeit zur mentalen Hygiene bedeutet, dass Sie auch mal Abstand von Ihrer Arbeit gewinnen, um Ihren Geist zu regenerieren«, bemerkte er. »Es ist ein bewusstes Auslüften des Kopfes.«

In dieser Woche schickte der Leadership-Experte per E-Mail die folgende Botschaft an alle Teammitglieder:

Sie kommen wesentlich weiter, wenn Sie ab und zu anhalten, um aufzutanken.

Für den Rest des dritten Quartals absolvierte der Leadership-Experte seine wöchentlichen Kontrolltests ohne jede Beanstandung und das Thema Anerkennung blieb einer der Schwerpunkte seines Teams. Er stellte fest, dass es immer öfter Gelegenheit für Lob und Anerkennung gab, da das gesamte Team große Anstrengungen unternahm, sein Verhalten an den Kernwerten der Geheimrezeptur zu orientieren.

Derweil begannen Gerüchte über sinkende Arbeitsmoral bei der Vergleichsgruppe des Pillenprojekts zu kursieren. Mehreren unbestätigten Berichten zufolge zeigte der Leiter dieser Gruppe einen zunehmend autoritären und oft rigorosen Führungsstil nach dem Motto »Entweder parieren oder den Job verlieren«. Hatte dieser repressive Stil anfangs die Teammitglieder beeindruckt und ihnen als Zeichen von Energie und Entschlossenheit gegolten, so fühlten sie sich jetzt gegängelt und demoralisiert.

Ein anderer Bericht kolportierte, die Produktivität in der Vergleichsgruppe der Ohne-Pille-Offensive ginge ständig zurück und der Teamleiter sei noch anmaßender und diktatorischer geworden. Um die Vorgaben zu erreichen, würden die Leute mit Arbeit überlastet, sie seien inzwischen geradezu ausgebrannt.

In der Hoffnung, die Ängste der Aktionäre zu zerstreuen, stellte sich die PR-Direktorin von LPI den Medien. »Es ist kein Zufall, dass zwei Quartale hintereinander ausgerechnet die Gruppe der unbestrittene Spitzenreiter in der Ohne-Pille-Offensive ist, deren Leiter eine tägliche Dosis der Leadership-Pille einnimmt«, bemerkte sie. »Überflüssig zu sagen, dass wir überaus zufrieden mit den Ergebnissen sind.«

Trotz aller schönen Reden der PR-Direktorin gab das Nationale Amt für Medikamentensicherheit ein Projekt in Auftrag, das die langfristigen Auswirkungen einer Einnahme der Leadership-Pille untersuchen sollte. Die LPI-Aktie rutschte zum ersten Mal in ihrer Geschichte ins Minus, als die dritte Etappe des Pillenwettstreits zu Ende ging.

DIE KRÖNUNG

»Erbitterter Endspurt«, hieß es landesweit in den Schlagzeilen der Zeitungen, kaum dass die Ergebnisse des dritten Quartals der Ohne-Pille-Offensive bekannt geworden waren.

Zur Verblüffung der Wirtschaftspresse, die das Pillenderby verfolgte, lag das Team des Leadership-Experten bei den Gewinnen inzwischen Kopf an Kopf mit der Vergleichsgruppe, war aber hinsichtlich Arbeitsmoral und Kundenbetreuung an dem Konkurrenten vorbeigezogen.

»Unsere Tripelbilanz sieht besser aus als je zuvor«, konstatierte der Leadership-Experte. »Die Kundenbeschwerden sind extrem zurückgegangen, während die Arbeitsmoral und die betriebliche Leistung nahezu überragend sind. Unsere Gewinnmarge bewegt sich zwar noch etwas unter der Zielvorgabe, aber wir wollen in diesen letzten drei Monaten der Ohne-Pille-Offensive noch einmal richtig Gas geben.«

Der CEO von LPI gab keine Antwort auf die Fragen der Journalisten, warum seiner Meinung nach die Zahlen der Vergleichsgruppe im Pillenwettstreit gegenüber dem vorigen Quartal zurückgegangen waren. Auch lehnte er es ab, zu Spekulationen Stellung zu nehmen, wonach die Leadership-Pille trotz ihrer schnellen, kurzfristigen Ergebnisse auf lange Sicht vielleicht doch nicht so wirksam sein könnte.

Der wohl schockierendste Befund war die erhöhte Mitarbeiterfluktuation in der Vergleichsgruppe der Ohne-Pille-Offensive. Interviews mit ausgeschiedenen Mitarbeitern war zu entnehmen, dass der Leiter dieser Gruppe offenbar nie gewillt war, Macht und Informationen mit seinem Team zu teilen. Dadurch gerieten die Teammitglieder in einen Zustand der Abhängigkeit, der Minderwertigkeitsgefühle, Demotivation und Ressentiments hervorrief.

Mit dem schwindenden Vertrauen der Konsumenten in die Leadership-Pille brach der Kurs der LPI-Aktie ein. In der Hoffnung, ein Desaster im vierten Quartal abwenden zu können, begann der Leiter der Vergleichsgruppe, die vierfache Dosis der Leadership-Pille einzunehmen.

Inmitten all dieses Chaos ließ der Leadership-Experte nicht nach, sein Team auf die drei Kernwerte der Geheimrezeptur fokussiert zu halten.

»Es ist an der Zeit, noch einmal alle Kräfte zu mobilisieren«, erklärte er seinem Team in der Mitarbeiterbesprechung. »Wir biegen jetzt in die Zielgerade ein, also bloß nicht nachlassen!«

»Wie sieht unser Angriffsplan aus?«, fragte Sarah Hawkins gespannt.

»Die Verantwortung für diese Entscheidung delegiere ich an das Team«, antwortete der Leadership-Experte. »Im Laufe dieses Jahres haben Sie die Kompetenz und das Selbstvertrauen gewonnen, um Integrität, Partnerschaft und Anerkennung zu praktizieren. Wie Sie für den Endspurt im Pillenwettkampf die Kernwerte Integrität, Partnerschaft und Anerkennung mit Leben erfüllen, liegt ganz bei Ihnen.«

»Und wenn wir scheitern?«

»Ein weiser Manager gab mir einmal den Rat, man müsse das Ziel aufzeigen und dann aus dem Weg gehen«, sagte der Leadership-Experte.

»Kapier ich nicht«, sagte Javier.

»Haben Sie Vertrauen in Ihre eigene Denkfähigkeit. Geben Sie Ihren Verstand nicht an der Garderobe ab. Ich ermächtige Sie hiermit, das Ziel zu erreichen – auf welche Weise, das liegt in Ihrem Ermessen. Setzen Sie auf Ihr gesundes Urteil – ich werde zur Stelle sein, um Sie zu unterstützen«, versicherte der Leadership-Experte, wobei er zur Tafel ging und eine neue Botschaft aufschrieb:

Ihre Mitarbeiter werden anfangen, selbstständig zu denken, wenn Sie aufhören, ihnen diese Aufgabe abzunehmen.

Im ersten Monat des letzten Quartals taten sich Ryan Fletcher und Larry Jensen zusammen und arrangierten ein Essen für ihre Kunden, um ihnen auf diese Weise ein Zeichen ihrer Wertschätzung zu geben.

»Durch Bündelung unserer jeweiligen Stärken im Kundenservice und Marketing eröffnen sich Larry und mir neue Möglichkeiten, die Kommunikation mit unseren Endverbrauchern zu verbessern und ihnen gleichzeitig unsere Anerkennung auszudrücken«, erklärte Ryan.

»Eine Festigung der Beziehung zu unseren Kunden baut gegenseitiges Vertrauen und Partnerschaft auf«, fügte Larry hinzu.

In der Zwischenzeit beendete Melissa Eckert ihr Leadership-Trainingsprogramm und machte sich anschließend daran, zusammen mit Li Young Kitoko, ein computergestütztes Train-the-Trainer-Programm in Sachen Führungsfähigkeiten zu erstellen. Vor dem Betatest-Start legten sie dem Leadership-Experten einen Prototyp vor.

»Wir haben das Programm bezeichnenderweise ›Leadership – mehr als eine Pille‹ genannt. Auch sind wir auf eine passende Botschaft gekommen, mit der wir das erste Modul eröffnen«, erklärte Melissa dem Leadership-Experten, als sie auf das entsprechende Fenster klickte:

Führung bedeutet, jeden Mitarbeiter an den ihm angemessenen Platz zu führen.

Mit zunehmender Selbstsicherheit und Entschlossenheit des Teams ging der Leadership-Experte zu einem anderen Führungsmodus über und kümmerte sich jetzt vorwiegend darum, dass die Teammitglieder über die notwendigen Ressourcen verfügten. Er spendete Lob, wem Lob gebührte, ermunterte zu eigenständigem Denken und drängte die Teammitglieder, ge-

gebenenfalls Pausen für mentale Hygiene einzulegen, damit sie Stress abbauen und sich regenerieren konnten.

Auch blieb er bei seiner Praxis, im Rahmen des Einzelcoachings jederzeit Ansprechpartner für seine Mitarbeiter zu sein, und bemühte sich aktiv und »vor Ort« darum, ihnen Ideen für laufende Verbesserungen zu entlocken. Als das Ende des Pillenwettstreits nahte, war ihm klar, dass jedes Mitglied seines Teams die Kernwerte der Geheimrezeptur wirklich lebte.

»*Dies* ist ein Hochleistungsteam, daran besteht überhaupt kein Zweifel«, erklärte der Leadership-Experte bei der letzten Besprechung.

Melissa Eckert führte auf eigenen Wunsch das Team durch die Tagesordnung des Meetings. Ihre Gesprächsmoderation hatte sich deutlich verbessert.

Nach den abschließenden Bemerkungen Melissas stand Denzel Frederick auf und überreichte dem Leadership-Experten eine riesige, von allen Teammitgliedern unterschriebene BGR-Urkunde.

»Wir sind uns bewusst, dass die Botschaftertätigkeit in Sachen Geheimrezeptur ein Prozess ist, der auf Gegenseitigkeit beruht. Hiermit wollen wir Ihnen unsere Anerkennung für all das ausdrücken, was Sie uns über die Geheimrezeptur beigebracht haben«, sagte Denzel. »Sie sind der ultimative BGR!«

Gerührt von dieser Geste schrieb der Leadership-Experte, bevor er sich verabschiedete, einen letzten Gedanken an die Tafel:

Respekt und Vertrauen der eigenen Mitarbeiter sind das Höchste, was ein Teamleiter erreichen kann.

DAS ENDE UND EIN ANFANG

Groß war der Andrang bei der Pressekonferenz, auf der das unabhängige Gutachtergremium das Endergebnis der Ohne-Pille-Offensive bekannt geben wollte. Nachdem die Anwesenden Platz genommen hatten, verlas der Juryvorsitzende die offizielle Erklärung:

»Nach einem zwölfmonatigen spannungsgeladenen Wettstreit haben wir die Ehre zu verkünden, dass der Sieger der Ohne-Pille-Offensive tatsächlich das Team ist, das ein volles Jahr lang ohne die Leadership-Pille geführt wurde. Dazu möchten wir dem Leadership-Experten und seinem hochkarätigen Team in aller Form gratulieren.«

Die Mitarbeiter des Leadership-Experten erhoben sich unter Bravorufen von ihren Plätzen und applaudierten, als er zum Podium schritt und sein Wort an das Publikum richtete.

»Uns geht es um Menschen und Performance – in beiderlei Hinsicht haben wir die Ziele unserer Tripelbilanz übertroffen«, begann der Leadership-Experte. »Dafür bin ich dieser talentierten Gruppe überaus dankbar. Es ist das Verdienst jedes Einzelnen, dass dies gelingen konnte. Wir haben in der Tat Außerordentliches geleistet, aber für mich stand von Anfang an außer Frage, dass wir es schaffen würden.«

Der Leadership-Experte unterbrach seine Rede und schüttelte jedem seiner Teammitglieder die Hand. Dann wandte er sich wieder dem Publikum zu.

»Ein Leadership-Experte muss sich täglich aufs Neue den Respekt und das Vertrauen seines

Teams verdienen«, erklärte er. »Er weiß, es braucht Zeit, um die richtige Mischung aus Integrität, Partnerschaft und Anerkennung zu erreichen. Im Grunde ist unsere Geheimrezeptur eine höchst wirksame Langzeitpille für effektive Führung.«

Der Leadership-Experte sah erneut voll Stolz und Dankbarkeit zu seinem Team hinüber. Dann fuhr er fort:

»Das Team und ich möchten Ihnen allen etwas von dem kostbaren Schatz an Führungsweisheiten, die uns während der gesamten Ohne-Pille-Offensive geleitet haben, mit auf den Weg geben. Es sind diese einfachen Grundsätze, die uns halfen, getreu nach den Kernwerten zu leben, wie sie in der Geheimrezeptur enthalten sind. Sie können von jedem, der als Leiter eines Teams oder im privaten Umgang mit anderen Menschen effektiver werden möchte, angewendet werden.«

Der Leadership-Experte zog hierauf einen Stoß Blätter heraus, die er verteilen ließ, während er selbst den Text laut vorlas.

**GEHEIMREZEPTUR
FÜR EFFEKTIVE FÜHRUNG**

Führung ist nicht etwas, das Sie ihren Mitarbeitern zuteil werden lassen, sondern etwas, das Sie mit ihnen teilen.

Integrität

- Führen mit Integrität bedeutet, dass Sie sich so verhalten, wie Sie es von anderen erwarten.
- Vertrauen entsteht, wenn Ihre Werte und Ihr Verhalten übereinstimmen.
- Die Mitarbeiter bringen Ihnen leichter Vertrauen und Respekt entgegen, wenn Sie sich an das halten, was Sie sagen.

Partnerschaft

- Der Schlüssel zu effektiver Führung liegt in der Beziehung zu Ihrem Team.

- Gemeinsame Informationen über die größeren Zusammenhänge gewährleisten, dass alle am gleichen Strang ziehen.
- Ein Berg lässt sich leichter erklimmen, wenn der Aufstieg gemeinschaftlich erfolgt.

Anerkennung

- Lob ist das einfachste Mittel, Ihre Mitarbeiter wissen zu lassen, dass sie geschätzt werden.
- Jeder Mensch ist in der Lage, das Positive im anderen zu erkennen.
- Sie kommen wesentlich weiter, wenn Sie ab und zu anhalten, um aufzutanken.

Die Krönung

- Ihre Mitarbeiter werden anfangen, selbstständig zu denken, wenn Sie aufhören, ihnen diese Aufgabe abzunehmen.
- Leadership bedeutet, jeden Mitarbeiter an den ihm angemessenen Platz zu führen.
- Respekt und Vertrauen der eigenen Mitarbeiter sind das Höchste, was ein Teamleiter erreichen kann.

Der Leadership-Experte bekam stehende Ovationen, als er das Podium verließ und sich zu seinem Team gesellte, um mit ihm gemeinsam den Erfolg zu feiern. In diesem Moment durchfuhr den Leadership-Experten die überwältigende Erkenntnis, dass diese Gruppe mehr erreicht hatte als nur den Sieg im Pillenwettstreit. Sie war jetzt in der Lage, die Kernwerte von Integrität, Partnerschaft und Anerkennung auch ohne ihn zu leben.

Genau das will effektive Führung bewirken, sinnierte der Leadership-Experte, während er sich verabschiedete.

Währenddessen hatte die PR-Direktorin von *Leadership Pill Industries* – immer noch geschockt vom Ergebnis der Ohne-Pille-Offensive – regungslos auf ihrem Stuhl gesessen. »Die Leadership-Pille ist tot«, raunte sie düsteren Blickes dem neben ihr sitzenden CEO von LPI zu.

»Unsinn!«, sagte der CEO mit überraschendem Enthusiasmus, »Hauchen wir der Leadership-Pille neues Leben ein!«

»Wie bitte?«, fragte die PR-Direktorin.

»Nun, da die Geheimrezeptur effektiver Führung kein Geheimnis mehr ist, brauchen wir die Leadership-Pille einfach nur neu zu formulieren«, antwortete der CEO. »Der Leadership-Experte hat es doch selbst gesagt: Integrität, Partnerschaft und Anerkennung sind die Ingredienzen für Leadership mit Langzeitwirkung.«

Die Miene der PR-Direktorin hellte sich auf. »Da ist was dran«, sagte sie, und schon waren die beiden in eine wilde Brainstorming-Session vertieft. »Vielleicht könnten wir den Leadership-Experten für unser Forschungs- und Entwicklungsteam anheuern. Wir könnten unseren Werbeslogan umändern in **Leadership – Führen auf Lebenszeit.**

DANKSAGUNG

Wir danken den folgenden Personen, die dazu beigetragen haben, durch ihre nie nachlassende Integrität, Partnerschaft und Anerkennung *Die Leadership-Pille* Wirklichkeit werden zu lassen: Fred Hills, Lektor und »guter Geist« von Free Press bei Simon & Schuster, und Margret McBride, die von Anfang an vom Reiz des Buches überzeugt war; Richard Andrews, Humberto Medina, Dottie Hamilt, Anna Espino, Martha Lawrence und dem Bestseller-Marketing-Team von The Ken Blanchard Companies; Jerome Althea und Sylvester McBean für ihre inspirierende Unterstützung; Lauren Keith, Steve Jensen, Pam Johnson, Ron und Sherri

Muchnick, Mark und Maxine Rossman, Mo M. Morris, Steve Z., Johnny und Junior Schraibman, Ryan Sherpco, Dr. Lawrence Hier III, Tim Haggstrom, Sal Bernstein, Chayks, Moshe Maoz, den geschätzten Mitgliedern des Skaneateles Country Club und anderen, die sich als kritische Rezensenten zur Verfügung gestellt haben.

Außerdem danken wir denen, die mit Ken Blanchard zusammengearbeitet haben und deren Beiträge später auch in die Überlegungen von Marc Muchnick eingeflossen sind. Hierzu gehören unter anderen Margie Blanchard, Ichak Adizes, Jim Ballard, Sheldon Bowles, Hal Burrows, Don Carew, Eunice Parisi-Carew, John Carlos, Garry Demarest, Chris Edmonds, Fred Finch, Susan Fowler, Bob Glaser, Laurie Hawkins, Paul Hersey, Phil Hodges, Bill Hybels, Spencer Johnson, Thad Lacinak, Robert Lorber, Michael O'Connor, William

Oncken, jr., Norman Vincent Peale, Alan Randolph, Dana und Jim Robinson, Don Shula, Chuck Tompkins, Terry Waghorn, Drea Zigarmi und Pat Zigarmi.

Ihnen allen möchten wir ein tiefes und aufrichtiges Dankeschön sagen!

ÜBER DIE AUTOREN

Ken Blanchard ist der Chefdenker und Verwaltungsratsvorsitzender von The Ken Blanchard Companies, einer weltweit agierenden Unternehmung zur Aus- und Weiterbildung von Führungskräften. Er hat ein Dutzend Bestseller verfasst, darunter *Der Minuten Manager*, der international wie eine Bombe eingeschlagen hat, oder auch die Riesenerfolge *Whale Done! Von Walen lernen* und *Gung Ho. Wie Sie jedes Team auf Höchstform bringen* – mit einem Absatz von insgesamt über dreizehn Millionen Büchern in mehr als fünfundzwanzig Sprachen. Kaum einer hat auf das Alltagsgeschäft in Sachen Mitarbeiterführung und

Unternehmensmanagement einen positiveren und nachhaltigeren Einfluss genommen als Ken Blanchard. Er und seine Frau Margie leben in San Diego; sie arbeiten mit Sohn Scott, Tochter Debbie und Schwiegersohn Humberto Medina zusammen.

Marc Muchnick ist Gründer und Vorsitzender von People First Group und Autor von *Naked Management: Bare Essentials for Motivating the X-Generation at Work.* Er ist ein inernational bekannter Motivationsredner, Leadership-Experte und Online-Management-Professor, der wiederholt bei CNN aufgetreten ist und Beiträge in großen Wirtschaftsjournalen veröffentlicht hat. Marc Muchnick sieht den »eigentlichen Beginn« seiner beruflichen Karriere in seiner Tätigkeit bei Ken Blanchard Companies, wo er bereits vor Abschluss seiner Doktorarbeit in Betriebspsychologie beschäftigt war. Er arbeitet seit mehr als zwölf Jahren im Rahmen des *Big Brothers Program* und lebt mit seiner Frau Kim, den Kindern Jessica und Blake sowie Hund Scruffy in San Diego.

UNSERE DIENSTLEISTUNGEN

The Ken Blanchard Companies ist weltweit führend auf den Gebieten arbeitsplatzorientiertes Lernen, Mitarbeiterproduktivität und Führungseffektivität. Aufbauend auf den Prinzipien der Bücher von Ken Blanchard gilt das Unternehmen als Vordenker hinsichtlich der Entwicklung von Führungsfähigkeiten und der Leistungsanerkennung von Mitarbeitern zur Erreichung strategischer Ziele. Durch Seminare und eingehende Beratung auf den Gebieten Teamarbeit, Kundenservice, Führung, Performance-Management und organisatorischer Wandel unterstützt The Ken Blanchard Companies seine Klienten nicht nur in ihrem Lernprozess, sondern leistet auch Hilfestellung beim Beschreiten der Brücke zwischen Lernen und Handeln.

Das Unternehmen People First Group, Anfang der 1990er Jahre von Marc Muchnick gegründet, ist für zahlreiche Fortune-500-Unternehmen und andere Toporganisationen der ganzen Welt Spitzendienstleister auf den Gebieten motivierendes Sprechen, erfahrungsorientiertes Lernen, Prüfen und Beurteilen von Organisationen und Teams sowie Performance-Coaching. Geschätzt wegen seiner innovativen Ideen bezüglich Leadership, Gewinnen und Halten fähiger Mitarbeiter, Führen und Motivieren der Generationen X und Y, Teambildung, Eigenmotivation und Überleben angesichts ständigen Wandels hat sich People First Group den Ruf eines führenden Experten erworben. Das

Unternehmen berät die unterschiedlichsten Organisationen in der Nutzung des Potenzials, das in der Motivation, Weiterentwicklung und Wertschätzung von Mitarbeitern liegt.

The Ken Blanchard Companies
125 State Place
Escondido, CA 92029
Tel. 800/728-9730
www.kenblanchardcompanies.com

People First Group, LLC
13354 Grandvia Point
San Diego, CA 92130
Tel. 858/259-1228
www.peoplefirstgroup.com

Im deutschen Sprachraum sind alle Original-Beratungskonzepte von Ken Blanchard bei Voss+Partner verfügbar. Eine Anpassung an

Ihre individuelle betriebliche Situation ist jederzeit möglich.

Voss+Partner
Training – Beratung – Entwicklung
Siemensstr. 31
25462 Rellingen bei Hamburg
Tel. (04101) 3844-0
Fax (04101) 31636
E-Mail: infovoss@voss-partner.org
www.voss-trainig.de